U0369251

SELF-TRACKING

量化自我

如何利用数据成就更幸福的自己

[美] 吉娜·聂夫 （Gina Neff） 著
唐恩·娜芙斯 （Dawn Nafus）

方也可 译

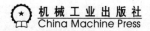
机械工业出版社
China Machine Press

图书在版编目（CIP）数据

量化自我：如何利用数据成就更幸福的自己 /（美）吉娜·聂夫（Gina Neff)，（美）唐恩·娜芙斯（Dawn Nafus）著；方也可译 . 一北京：机械工业出版社，2018.5

书名原文：Self-tracking

ISBN 978-7-111-59857-2

I. 量… II. ①吉… ②唐… ③方… III. 自我管理 – 通俗读物 IV. C912.1-49

中国版本图书馆 CIP 数据核字（2018）第 090721 号

本书版权登记号：图字 01-2018-1131

Gina Neff, Dawn Nafus. Self-tracking.

Copyright © 2016 Massachusetts Institute of Technology.

Simplified Chinese Translation Copyright © 2018 by China Machine Press.

Simplified Chinese translation rights arranged with MIT Press through Bardon-Chinese Media Agency. This edition is authorized for sale in the People's Republic of China only, excluding Hong Kong, Macao SAR and Taiwan.

No part of this book may be reproduced or transmitted in any form or by any means, electronic or mechanical, including photocopying, recording or any information storage and retrieval system, without permission, in writing, from the publisher.

All rights reserved.

本书中文简体字版由 MIT Press 通过 Bardon-Chinese Media Agency 授权机械工业出版社在中华人民共和国境内（不包括香港、澳门特别行政区及台湾地区）独家出版发行。未经出版者书面许可，不得以任何方式抄袭、复制或节录本书中的任何部分。

量化自我
如何利用数据成就更幸福的自己

出版发行：机械工业出版社（北京市西城区百万庄大街 22 号 邮政编码：100037）

责任编辑：朱 妍 宋学文

责任校对：李秋荣

印 刷：北京瑞德印刷有限公司

版 次：2018 年 6 月第 1 版第 1 次印刷

开 本：147mm×210mm 1/32

印 张：6.625

书 号：ISBN 978-7-111-59857-2

定 价：39.00 元

凡购本书，如有缺页、倒页、脱页，由本社发行部调换

客服热线：（010）68995261 88361066　　　　　投稿热线：（010）88379007

购书热线：（010）68326294 88379649 68995259　　读者信箱：hzjg@hzbook.com

版权所有·侵权必究

封底无防伪标均为盗版　　本书法律顾问：北京大成律师事务所 韩光 / 邹晓东

这是一本简短而不简单的书。今天的我们，每天都会接触到许多有关量化的场景，比如行走步数记录、睡眠时间统计、心率监测等，却很少有人认真思考量化背后的发展体系和它可能带来的作用。我也未曾思考过诸如我为什么要量化步数，这些步数数据会流向哪里，流向何人，数据对我来说会有什么作用这类的问题。本书的作者们，也是被生活小事击中而有了写作的契机，进而去思考量化行为背后的原因以及量化所能带来的社会效用。本书从量化的起源讲起，逐步引入量化方式、量化背后的数据所有权问题，由浅入深，理论与案例结合，为大家梳理了有关量化的思想和做法，引出了一系列关于自我量化的讨论和思考。

我们生活在数据泛滥的时代，每人每天都在产生着数据，也随时都在接收着来自外部的数据。生活在这个世界的人们，被数据和信息所包围，透过数据看原因，透过现象看本质是我们所希望达成的共同目标。生而为人，我们渴望了解自己，我们希望知道自己的健康状况到底怎样，希望明白自己是一个什么样的人，也急于了解自己的状况是否为偏离正常情况的"异常值"，所有的这些，都是量化产生的源头。在无法获得契合自己的外部数据支持的情况下，我们可以选择自己记录自身数据，然后进行分析，这就是自我量化。记录是量化行为的基础，量化的形式多种多样，每个人都可以有自己独特的量化方式，借助外部工具进行记录也不失为一种极好的方法，这又引出关于外部数据所有权的思考。自我量化涉及生活中的方方面面，量化本身仍处于发展阶段，方法和制度尚不完善。本书提供了作者们关于自我量化的思想和感悟，也详细叙述了许多有关的案例及思考过程，作者们给读者提供思路，给予读者启迪，鼓励读者就书中提到的问题继续探究，形成自己的量化理论和方法，完善自我量化体系。

本人学识有限，译文不当和错讹之处难免，企盼读者予以批评和指正。

方也可

本书的关键之一在于知识（甚至自我）是一种社会性产品。所以同样地，这本书当然也是社会性产品，只有通过许多人的贡献和努力才有可能完成。虽然这是一本入门书籍，而不是像民族志一样的大作，但许多人慷慨地付出时间，向我们传授他们的观点，分享他们对数据的看法，并帮助我们理解某些风险。患者代表、数据活动家和量化自我爱好者的奉献启发了我们，让我们了解当人们参与到对自身有重要意义的技术时，会产生多大的作用，带来多大的可能性。

马里·埃弗里（Mary Avery）首先鼓励我们思考如何向普通读者传达自我量化问题。如果没有她敏锐的编辑本能，我们很可能不会想到开展这个项目。苏珊·巴克利（Susan Buckley）和吉塔·马纳克塔拉（Gita Manaktala）帮助并引导我们将粗糙的想法塑造并整合为最终成品。凯瑟琳·卡鲁索（Kathleen Caruso）再次被证明是一位非凡的手稿编辑，她似乎能够优雅和细致地处理每一种可能的偶然事件，而抄写员朱利亚·柯林斯（Julia Collins）敏锐的眼光让本书获得了极大的改进。香农·奥尼尔（Shannon O'Neill）和 Lippincott Massie McQuilkin（一家文学机构）的威尔·利平科特（Will Lippincott）与我们合作，为读者阐明了一些观点，并协助了本书的出版印刷。为此，我们非常感激。

我们感谢布里塔尼·菲奥雷·加特兰（Brittany Fiore Gartland）、克里斯汀·巴塔（Kristen Barta）、克里斯·蒙森（Chris Monson）和彼得·纳吉（Peter Nagy）为与这项工作有关的项目提供了重要的研究援助，并对量化自我的概念进行了媒体宣传。这项工作在很大程度上也受益于匿名修改者们的慷慨协助，他们将时间和思想投入我们的想法中，强化了书中的论点。

唐恩（Dawn）想要感谢许多自我量化的实践者，他们的实践为我们带来了许多帮助。详细说来，在协助展示如何通过自我量化解决实际问题方面，安妮·赖特（Anne Wright）通过实践，已经对这个问题了解得非常清楚。多年来，拉吉夫·梅赫塔（Rajiv Mehta）一直鼓舞着我们的工作。史蒂文·乔纳斯（Steven Jonas）扩大了我们对数据在自我量化方面的作用的认知，而 QS 实验室的人们提供了令人难以置信的具有刺激性的、详尽的和富有挑战性的对话。唐恩同时也想感谢她英特尔公司的同事，特别是数据感知团队（Data Sense team）的桑吉塔·夏尔马（Sangita Sharma）、拉玛·纳赫曼（Lama Nachman）、皮特·登曼（Pete

Denman）、丽塔·乌汉比（Rita Wouhaybi）、雷尼特拉·杜伦（Lenitra Durham）、埃文·萨维奇（Evan Savage）、德文·斯特朗（Devon Strawn）和蒂姆·科珀诺尔（Tim Coppernoll）。约翰·雪莉（John Sherry）作为实验室领导者和有价值的导师为这项工作做出了贡献。杰米·谢尔曼（Jamie Sherman）、尤利娅·格林贝格（Yuliya Grinberg）、达纳·格林菲尔德（Dana Greenfield）、明娜·鲁肯施泰因（Minna Ruckenstein），以及惠特尼·艾琳·贝泽尔（Whitney Erin Boesel）塑造了书中提出的大部分思想。吉姆（Jim）和彭妮·娜芙斯（Penny Nafus）为这项工作奠定了更深的基础。特别感谢丹·贾菲（Dan Jaffee），在本书撰写的困难时期为我们提供了支持。对于那位承担了必须指出很难发现的不足之处的工作的好伙伴，唐恩对他的诚实与合作表示感谢。

吉娜（Gina）想要感谢许多帮助她阐述书中想法的同事，包括感谢他们在普林斯顿大学和斯坦福大学会谈后的讨论。中欧大学公共政策学院的同事，以及学院里能力出众的学生进一步推进了量化自我概念的社会影响。吉娜对自我量化和个人数据的研究得到了英特尔公司、普林斯顿大学信息技术政策中心和中欧大学高级研究所的支持。华盛顿大学罗马中心和布达佩斯的劳尔瓦伦堡旅馆为本书的第一稿提供了写作空间。特别感谢伊娃·贡奇（Éva Gönczi）、伊娃·福多尔（Éva

Fodor）和艾格尼丝·福尔戈（Ágnes Forgó）。菲尔·霍华德（Phil Howard）和吉娜的两个儿子哈默（Hammer）和戈登（Gordon）让写作变得愉快，让我们觉得自己付出的努力是值得的。

最后，我们共同感谢读者阅读本书，并强烈建议读者立即着手处理目前遇到的问题。

作者

译者序
致　谢

第1章
量化自我简介 // 1

很多时候，我们认为量化自我是一种个人追求，但产生的数据对很多人都有影响。这里的利害关系是我们用来看待自己和他人的透镜。能够用心地设计或使用这些透镜是一种能力，这种能力可以帮助形成或破坏重要的关系。

第2章
当个体面对社会，孰轻孰重 // 34

你被要求使用的技术是真的可以提升健康状况，还是在将行政或医疗的劳动转移到你身上？如果你自愿使用它，它是真的帮你了解身体现状了，还是说大量的数据流向了他人，而你只得到了一个无用的数字？它只是一个按规程做出反应的设备，还是真的有医疗效果？

第3章

理解、使用数据的方式与技巧 ∥ 62

对各种自我量化技术的短暂尝试表明，正确进行量化，不止
一种方法。"科学第一"的方法中，数字是客观事实的窗口。
"认知第一"的方法，目标可能是思考这些认知是什么，或
者扩展人们普遍认为的正确观点的范围。当某种学习行为发
生时，不管是什么类型的学习，"好的"自我量化都会随之
产生。

第4章

自我量化与技术行业的碰撞 ∥ 96

要想建立自我量化工具的市场，就需要定义所销售的产品，
以及产品的使用方法。目前，自我量化工具已经出现在许多
市场中。然而，技术行业仍在努力为已发布的设备寻找令人
信服的使用方法。

第5章

自我量化与医疗实践 ∥ 125

与为消费市场而设计的工具不同，对于为连接家庭和诊所而
设计的工具来说，信息与医学标准、诊所规定的关系需要被
考虑进去并且需要为此进行设计，自我量化信息的有效性
已被证实，数据也像健康记录一样，用同样的标准被保护
起来。

第6章
展望自我量化 ∥ 154

允许人们和公司跨多个设备、平台和数据类型进行协作的技术标准还在开发中。一些公司的业务依赖于阻止客户获取数据然后离开的能力,而其他公司则会从一个更加开放的生态系统中受益,用户可以在那些使用他们数据的服务和公司中选择。

术语表 ∥ 179

注释 ∥ 183

其他资源 ∥ 195

第1章

量化自我简介

人们现在总是在量化自我，每天有一系列数字跟随着我们：睡觉的时间、走路的步数、用了多长时间挣钱、浪费了多少时光、交朋友的数量、发推特的数目。量化自我处于一种爆发状态。到 2016 年年底，有高达 1.1 亿个可穿戴传感器被运输到世界各地。[1] 运动员们周末在虚拟设备上互相竞争；办公室的职员则对自己浪费在社交媒体上的时间进行记录，以及记录他们的帖子能触及多少粉丝；房东跟踪每台设备使用的电量；而血糖监测不再仅仅只有糖尿病人做。为什么这么多人要做这些事情呢？

本书分析了量化自我这一概念，即对于自身的数据，人们如何记录，为何记录，怎样分析以及做出何种反应。我们分享了关于社会生活领域的一些新兴研究，看看人们到底怎样处理自身的数据，使用何种工具，以及在这个过程中会加入什么组织。我们展示了一系列日常生活情境，其中讲到数据为什么有用、强大、乏味、令人愉快、令人失望、错误，抑或无关紧要。我们还探寻当数据涉及制度时会发生什么，公司、大学、政府，还有一些其他类型的组织，都在产生或处理数据。我们关注量化自我，主要是因为它和人们最关心的健康、保健相关，并且关于健康数据对社会的影响，人们的争论也是最激烈的。我们着力于解释为什么人们对于手中数据的力量有如此大的热情，也会考虑评论家关于其有可能失控的重要预警。

量化自我是一项人类活动，比起那些推动量化自我广泛传播的各种设备，量化自我本身更加有趣。量化自我不需要比纸和笔更复杂的技术。然而，无论是通过可穿戴电子设备，如智能手表和健身手环，还是通过手机、计算机，现在很多自我记录的方式都是数字化的。这些高科技记录方式，与人们几个世纪以来量化自我的方式（比如写日记或日志）交织在一起。像这样的数字化量化方法的增多，就引发了关于旧传统的新问题。技术扩展了可以测量的生命领域，让前所未有的更高频率的记录成为可能。只有深入探讨旧传统和新工具结合的过程，我们才能理解一个新的社会现象是如何出现的。

量化自我发生在社交场合中。量化自我的数字本身可能注重个体，但它们都以社会运转方式的共识为根基。技术使用者和制造商之间的关系预示了最终会产生怎样的技术，病人和医生之间的关系告诉我们在诊所中人们留下的自身数据如何发挥用途。在技术使用者、制造商、病人和医生的角色中，每个人都有各自的社交圈子或团体，他们通过向他们的圈子或团体咨询来理解什么是"真正"的自我量化。在这些团体中，量化自我的工具在构建，并且正在形成实践。基于这个原因，我们会花时间研究其中的一些社会动态。

写作契机

在一个晴朗的 1 月早晨，我们在旧金山碰面一起写作。去吃早餐的路上，吉娜（Gina，一名在学术界工作的社会技术和通信学者）谈到了自己在圣诞节前走进肯塔基州列克星敦的一家百思买（Best Buy）的奇怪经历，在那里吉娜看到了我们研究的东西，着实吓了一跳：活动追踪器、心脏传感器、睡眠监控器、自行车监控器、婴儿监控器……那些在 10 年前看来，只是偶尔闪现的一些奇奇怪怪的想法，如今却成为送礼的新宠（见图 1-1 里的陈列）。唐恩（Dawn，一位人类学家，在工业领域工作，为技术发展提供信息）提到，她家当地的周报《波特兰水星报》(*Portland Mercury*)，有一期的封面故事是"健康、阴沉的年轻人"，讲的是阴沉冷漠的年轻人和耐克智能健身腕带的复杂组合。阴沉冷漠的年轻人也在自我量化？这怎么会发生？当我们努力想象热爱奋斗、运动的年轻人形象与穿着全黑衣服的阴沉风格结合时，唐恩被绊倒在地上。当她尝试着站起来时，我们意识到有些不对劲。真的很不对劲。于是就在那里，在我们的目的地——旧金山一家别致的咖啡馆前面，当下班的技术人员在等待他们的虹吸酒吧咖啡[⊖]和藜麦早餐沙拉时，我们在等救护车。

图 1-1　肯塔基州列克星敦的百思买，圣诞节时陈列的量化自我工具
资料来源：吉娜·聂夫。

　　⊖　一种煮咖啡的方式。——译者注

膝盖受伤需要吃一系列的止痛药，这些在身体不同循环中起不同作用的药丸形成了复杂的混合，它们对肝脏、呼吸和内脏有不同损伤。第一次服药几小时后，唐恩又服用了一次。过了几小时，她怀疑：现在再吃一片安全吗？她已然忘记前两片药的服用时间了。那么每天吃这些药会对肝脏造成什么损伤呢？其实，什么时候吃药是没关系的，每天吃药的剂量才是重点。服药以后，脑海中不会有印象，药片本身也让头脑不清醒。研究了多年量化自我的唐恩，面对如何解决这个问题的本能反应是做一些手工记录，也就是把事情写下来，而不是使用自动感应器来记录。她手机上有个应用程序，可以输入数字或一些文本，这些信息被存储在一个时间戳旁边。她决定记录吃的每种药的名字。当她查看应用上的记录时，她能够往回计算吃完药之后过了多长时间，这能让她保持不同种类药片的正常运转，虽然并不是通过大脑的记忆来完成。对于会损伤肝脏的药片，她对距离上次吃药的时间不太在意，转而关心自己每天吃药的总剂量，以保证维持在推荐的数量以内。因此对于这样的药片，她统计片数，而不是距离上次吃药的时间。几周后，她向一位好奇的来访者展示了这一切。"嗬，"他说，"我明白你为什么那么做，但是我得说，如果是我，我可能不会想自己那么做。"唐恩觉得，如果不是在写这本书的话，她也不会那么做。

2014 年，高德纳（Gartner）工业技术研究集团将可穿戴设备放了他们"技术成熟度"曲线的顶端，这个曲线是一种在硅谷工业界中广泛接受的评价因子。到 2015 年，可穿戴设备已经进入高德纳曲线的"幻想破灭期"，这是人们普遍认同的一项技术在人们长期适应之前往往会出现的充满质疑的阶段。与此同时，社会科学家和哲学家也开始研究可穿戴设备如何交易和使用，并提出问题。他们特别关注的是，如何以牺牲其他价值为代价，来美化科学的实用性，人们对数字投入了过多的关注，对生命本身的关注似乎减少了。他们开始担心人们被要求承担一些管理风险的责任，但对于这些风险，人们几乎没有实际控制经验。他们在其他许多生活领域都见过这样的社会动态。当人们允许某些公司通过数据窥探自己的生活时，对于占优势地位的公司所拥有的这一巨大权利，社会科学家和哲学家均表示担忧。社会科学家和评论家担心，量化自我会给予那些决定衡量什么，以及由谁衡量的人过多权力。然而，当唐恩的病情袭来时，量化自我的能力不再仅仅是学术交流或行业炒作的话题，它变成了一件非常**重要**的事，无论是在实际还是在个人层面都很重要。这种能力超越了在大型零售商货架上售卖的量化自我设备本身。

记者诺拉·杨（Nora Young）也许是第一个注意到量化自我给人们带来紧张感的人。[2] 我们每一步行动的数字痕迹都可能引发可怕的社会后果，如严重的隐私侵犯、日常生活商品化、"健康主义"（对被认为健康的所有事物发生痴迷）[3]，以及对个人的过分关注，这种过分关注可能会侵蚀我们参与社会活动的积极性。但杨也指出，量化自我对个人和社会都很有用。正如对药物保持追踪能够保护唐恩的肝脏免于伤害，不久我们会发现，整合后的数据有时会带来更好的医疗知识，偶尔还可以为更合理地参与医疗实践提供参考。

我们对这种紧张感越来越关注，作为个人我们关注自己的数据，而社会科学家则研究人们在收集和使用数据时所涉及的社会问题。我们认为，在有用性和社会复杂性之间的这种紧张关系，创造了对这个主题的介绍性书籍的需要，书里应当汇集现有的研究、相关的新闻和其他材料。更广泛的公众参与量化自我的讨论，可以让社会平衡更加倾向于公众利益。我们在日常生活中对于数据收集的选择，会影响其他人用这些数据所能做的事，以及数据如何应用于我们身上。当我们不能选择何种数据被收集及数据去向时，作为公民，我们拥有提高自身呼声的能力会变得更重要。

公众对量化自我的兴趣可以看作一种广泛的、具有公民意识的事情，比如对隐私政策或是监控的关注。然而，它也与家庭密切相关。量化自我的数据是个人的，但本质上它还是社会性的。请考虑以下情况：在众多可用来确定室内空气质量的传感器中，有人使用了其中之一，会有多少人受到影响。家庭空气质量监测设备可以捕捉到室内空间中所存在的物质的数据，包括潜在的有害物质（如一氧化碳），抑或来自其他地区甚至其他国家的工业毒素。室内空气质量影响着房间里的每一个人和潜在访客。不同物质对于每个人的影响不尽相同，这些物质由设备追踪着，产生了数据，或许会改变屋子里的人们谈论健康的方式。不过，改变空气质量可能不是单单一个房主可以独立解决的事情。这是一个最终可能需要通过地方、国家甚至国际努力来解决的问题——谁为此买单可能会引发争议。

空气质量并不是唯一影响他人的数据类型，许多数据都会影响。即使是个人的遗传学数据，也反映和揭示了我们的直系及旁系亲属的某些情况，而选择进行基因组分析的个体，得到的结果对所在家庭也同样适用。很多时候，我们认为量化自我是一种个人（有时是自恋的）追求，但产生的数据对很多人都有影响。这里的利害关系是我们用来看待自己和他人的透镜。能够用心地设计或使用这些透镜是一种能力，这种能力可以帮助形成或破坏重要的关系。

我们还要与许多未知因素抗衡，有些因素与新兴技术的性质有关，有些因素则与不同类型的数据在社会上的处理方式有关。有时，我们收集数据的能力超过了理解它的能力。人们收集的关于基因组、微生物组（肠道内的细菌被认为会影响从肥胖到精神健康的所有身体状况），以及环境暴露（身体接触到的污染物）的数据，已经超过了目前科学所能理解的范畴。人们会如何对待这样的不确定性？他们会对医生和医疗保健系统提出什么要求？他们将如何挑战科学家和专家，或者如何动员科学家和专家？他们会期待政府和社会回应什么？

对于未知，尽管人们争论不休，但在很多情况下，人们会利用量化自我来满足自己的具体需求。母亲看着孩子成长，不仅观察孩子身体上的变化，也通过数据来感受。运动员通过数据提高"比赛成绩"。糖尿病患者只是简单地想要安全地过日子。在不同的情况下，量化的形式都有所不同，且必须满足不同目标。量化需要某种系统的记录方式——手机、纸和笔、传感器、记忆。有人可能会购买设备或者下载应用程序来解决问题，识别故障，或形成一个习惯。我们发现的问题是，许多现成的可供选择的量化工具，都是通过"授权"而出售的，实际上并没有帮助人们弄清他们应该问哪些问题，更不用说如何问下一个问题、测试自己的想法或有所发现。结果是，虽然大家都希望能摆脱自我量化设备，但几乎没有人能做到。同时，社会科学家们开始关注一个问题：这些设备正在引起一些社会成本和负担。

这种情况不是必要或最终的状态。我们希望提供有关量化自我的基本思想及一些挑战性信息，以支持更广泛的讨论研究。我们有两种方式来完成，第一种是展现基于我们和他人的研究，当人们通过量化自我成功完成目标时，他们会有什么反应？这并不需要特殊的技术技巧或科学知识，我们会在书中分享一种方法，这种方法对很多人都很有效。第二种是指出医疗实践团体、商业活动和政策制定等领域的自我量化，在这些领域中，更多的公众参与会促进量化自我工具的进步，而且并不会对公共利益造成破坏。

本书的各位作者都具有不同的专业背景，因此可用不同的知识为我们引入量化自我打基础。我们在书中所介绍的研究，包括我们自己的研究，都是基于文化和社会的，不是基于行为主义或通过技术测试得出的。在我们的研究领域，我们试图理解人们如何看待他们所处的环境，以及他们如何形成所持有的信念。我们在这里进行的研究倾向于通过观察以及与人们在"自然"状态下交谈，而不是严格的实验室实验。

考虑到我们的个人背景，唐恩成立了研究小组，调查消费者使用一种名为生物传感器的新型技术的情况，这种技术有许多在量化自我方面的应用。像许多不在大学工作的人类学家一样，唐恩把人种学应用到设计和商业问题上。现在她与人合作，共同领导一个综合工程和人种学研究项目，以了解产品设计如何更好地支持新的数据形式。她也是量化自我（Quantified Self，QS）社区的积极参与者，QS 社区是一个为量化自我的人群组建的团体。唐恩工作的公司——英特尔，一直是 QS 社区的赞助商，并为自我量化制造技术组件。正如我们将在第 4 章展示的，将智力投入与社区工作及日常工作结合起来，在自我量化中并不少见。尽管这些实际工作加深了人们对量化自我的了解，但它也造成了一个有自身局限性的观点。

吉娜是一名为大学工作的通信技术社会学家，她和唐恩合作参与"生物传感器"项目，这个项目专注于数字健康创新领域。她研究了量化自我如何模糊家庭和诊所之间的界限，以及规则如何影响医疗实践和自我保健之间的关系。她重点分析工业和社会机构在实际操作中如何使用技术。

利害关系是我们用来
看待自己和他人的透镜。

与任何介绍性书籍一样，本书根据作者的倾向和观点所著。我们很可能遗漏了一些重要的话题或者领域，或许是因为当时的文献还不够成熟，没有太多相关内容；又或许是由于我们写了这本书之后，相关作品才出现。我们也可能会重点强调一些内容，只是因为我们各自的学科与这些问题更有相关性，或许是我们在这个团体中的角色所需，又或许是我们和书中说到的其他人一样，受到了社会环境的影响。无论多么细心，研究人员都无法避免这些因素影响他们选择研究的东西和那些看起来合理的方法。

我们认为，如果我们想要了解诸如为什么人们在几个月之后会放弃使用活动追踪器，或不再打开智能手机上的健身应用，社会学和人类学的观点会有所帮助。在市场上，自我量化工具的成功和失败既不是巧合也不是所谓的未达用户要求。虽然在实践中，用心理学思想来增加个人用户与产品的黏性是被大量使用的技巧，但社会也有一套规则来解释：为什么即使使用这些技巧，许多人往往在使用自我量化工具几个星期之后，依然将其搁置一旁了？这些高度一致的社会模式、文化习惯，也引发了关于数据所有权、访问权、隐私权，以及数据在医疗和商业中的社会地位的讨论。这样的讨论决定了数据是否可用于产生它的人，决定谁能参与医学研究和突破，谁有权限去规定从数据中得到的内容，以及谁可以挑战科学的权威。推动公众讨论，不仅有助于了解参与者的意见，还可以了解人们对人类、技术、社区和社会如何运作的期待。这正是社会科学可以做出的贡献，也是我们希望在书中介绍的内容。

持续量化的世界

量化并不是新近产生的。本杰明·富兰克林（Benjamin Franklin）是 18 世纪美国政治家，他持续地记录了自己如何花费时间，以及是否达到为自己规定的目标。他用图表和便条的形式量化，来"执行自我检查计划"[4]。这种以日记形式进行的日常量化很常见，事实上在 18 世纪，日记就是被共享的。人们使用相对简单的条目，按顺序简短地记录发生的事。通信学者李·汉弗莱斯（Lee Humphreys）和她的合著者发现，今天的推特与十八九世纪的日记非常相似，都是"用当前时代的传媒方式与他人探讨、反思、交流和分享"。[5] 虽然风格与本杰明·富兰克林非常不同，20 世纪 20 年代的发明家巴克敏斯特·富勒（Buckminster Fuller）也量化自己，他的做法是：创建一个大型的剪贴簿，严格地每 15 分钟记录下一些东西。从某种意义上说，这两种风格体现了今天仍在持续的自我量化思路，一种是数据在改变生活的过程中发挥主动作用，另一种则是被动地支持个人反思。今天，我们可能会把富兰克林的方法称为"自我量化"；而将富勒的称为"生命记录"，它是自我量化的近亲，虽然只是近亲，但它可能比我们想象的更具干预性。对于我们现在所称的自我量化，富兰克林的尝试具有非工具性和思考性，与我们最初所认为的相比，他的方法其实更像"生命记录"。除了历史上的这两种方式以外，我们需要加上第三种——主动的自我实验。在出现现代临床试验之前，自我实验是科学工作的重要组成部分。为了解眼睛的运作方式，艾萨克·牛顿爵士（Sir Isaac Newton）盯着太阳的反光，差点失明。在当时布洛芬、疟疾疫苗和神经科学的历史中，都曾有过自我实验，并且直到现在，自我实验者仍持续做出重要发现。所有这三种方式（自我量化、生命记录、自我实验），都对我们如何看待自我产生了影响，并都有各自的历史。

"实验"这个要素一直引发关于谁才有知识，什么才是有效知识的问题。多数人手中的数据都带有某种色彩，有创造或破坏信仰的能力。当代自我实验的支持者认为，自我实验不是小众的科学形式，它可以在比实验室更实际的情形中完成实验，促进更多的纵向追踪研究工作。但怀疑论者认为，自我实验不足以消除偏差，因为实验者既是研究对象，也是研究数据的解释者。然而，对于这种对偏差的指责，我们应该始终保持冷静。科学范式的转变不仅仅是通过更多的证据（如果用一种特定的方式看待问题，这些证据可能一直都存在），也会随着信念的改变而改变。历史上的案例提醒我们，对于信仰某件事的人来说，抛开信仰去看待事物的本质，是非常困难的。例如，在中世纪的英格兰，女性治疗师发现，将面包放在伤口上可以加速痊愈（其实是青霉素的作用，有谁能想到吗？）。因为性别因素的影响，她们的方法被指控是巫术，而非科学发现，但即使在这种情况下，她们也远远领先于正在根据希波克拉底（Hippocratic）四液学说⊖工作的"正当"科学家。与此类似，当世界各地的本土研究组织发展民族植物学知识时，他们的实践有时有着出人意料的生物学有效性，虽然有时也没什么用。研究这些植物的科学家偶尔会依赖现有的相关本土知识，并且也不时抛弃这些知识。

⊖ 四液学说认为，人体内部由血液、黑胆、黄胆、黏液四种体液组合的比例不同，构成了每个人的不同气质。——编者注

在我们将要阅读的一些例子中，人们通过自我量化，来探寻某些西方科学没法发现但却有用的知识。在另一些例子中，他们所做的工作已被已知的情况证实，或依赖于已知情况的证实。人们在本不该怀疑的地方怀疑，或因来源不可靠而忽略某些发现，这正是社会偏见暴露的场景。相对立的信仰和证据可以有意无意地在科学和世俗两个领域并存。这本书的深层目标是，展示基于数据的自我实验如何迫使我们与证据和信仰之间的不确定性搏斗，以及我们如何决定什么是正统知识，什么不是正统知识。

如果量化一直存在，那对于自我量化来说，又有何新发展呢？第一个是技术转变。通过电子设备来感应各种现象，一直是工程和计算机科学的目标。手机作为计算平台的出现，传感器和其他构成传感器系统的组件的小型化，基础连接设施和数据存储设备的改进，都为广泛使用传感器创造了条件。这些东西的相互依赖极其复杂，拥有运转良好的传感器系统就足以令人惊讶了，更不用说还有基于此的延伸市场。

第二个发展是一项文化变革，即**生物医学化**，它是对事物存在状态的医疗或生物方面的解释延伸。[6] 现在，从情绪、感觉到成功本身，很难找到没有生物医学解释的角落。

生物医学化已经成为一种思维模式、一种思想习惯，它使医学成为解释事物存在形态的最容易接受的解决方案，也即解释事物为何以现有的状态存在着。在生物医学化的世界中更容易认识到，人们之所以以现有的方式行事，是因为神经元丛集，而非文化或社会。生物医学化在我们现有的认知中勾勒出一个新篇章，使自我量化更具体和可期待。"健康"不再仅仅是对身体状态的描述，它已成为一个有重量的词汇，是人们认为是否达到期待状态的委婉表达。被告知"你的行为不健康"可能带来难以置信的羞耻感——你刚刚被指出破坏了生物医学世界的社会规则。生物医学化也是影响技术市场的强大社会力量。尽管只有小部分自我量化工具用于医学，但这些工具大多采用生物医学化的理论和框架。通过这种方式，生物医学化在消费电子产品体系中占有一席之地。

在自我量化过程中，社区和工具指导人们能或不能做什么。有些看似可追踪的方面可能存在技术限制，位于社区内部可能会使一些事情看起来更需要量化。接下来，我们将介绍一些有关自我量化的做法、使用的工具、形成的自我量化社区的基本情况。这些概述有助于为第2章奠定基础，在第2章，我们将探讨由自我量化工具引申出的更广泛的社会问题。

生物医学化在我们现有的
认知中勾勒出一个新篇章，
使自我量化更具体和可期待。

现有量化做法

人们究竟会如何处理自己的数据，是个很重要的问题。这主要有两个原因。首先，与工程师和研究人员一样，普通人也通过尝试来发现和学习。他们的发现可以增进我们对数据的共同理解。其次，人们对数据的处理从某种程度上讲是一种经济活动。市场不存在"游离于人群之外的地方"——卖方和买方之间存在沟通，在沟通过程中，涉及如何使用这些东西的想法和技能互相交换着。市场内部长期存在的关于身体、科学和视觉形式的想法都已付诸实践，并因此发生着改变。[7]

量化经常涉及使用新的小工具，有趣的是，最倾向于使用新的小工具的人（在某些圈子里被称为"主要用户"），量化的兴趣往往与广大公众一致。在全美范围内的抽查，和对 QS 社区中自我量化者视频的分析，揭示出在量化的对象和为何量化方面，自我认同的"自我量化者"与广大公众群体有着惊人的相似之处。对二者的研究都发现，人们主要量化身体活动、食物、体重。[8] 在表 1-1 中，我们总结了人们期待的有关自我量化的结果，其中包括改善健康、改善生活的其他方面以及寻找新的生活体验。

表 1-1　QS 社区中部分自我量化项目和动机

动机	动机子类	自我量化实例
改善健康	治愈或控制病症	监测血糖以维持在目标范围内
	实现目标	测量体重以回到理想状态
	寻找触发机制	记录造成心房颤动的触发机制
	解答特定问题	跟踪烟酸摄入量和对应睡眠状况，以确定用于治疗临床症状的烟酸摄入量
	鉴别关系	跟踪运动、体重、肌肉质量和体脂的关系
	寻找平衡	记录睡眠、运动和各项活动的时间，以摆脱不规则的生活方式
改善生活的其他方面	最大化工作表现	记录时间，以了解目前的时间分配 / 寻求更高效的方式
	保持警觉	每天对自身思维状况进行自我反省，以捕捉日常思维状态
寻找新的生活体验	满足好奇心，觉得好玩	记录双关语的频率，研究触发机制
	探索新事物	为探索城市，记录每一条走过的街道
	学习有趣的东西	尽可能长时间地跟踪心率，探究可以学到的东西

　　虽然自我量化形式多样，但数据有一个共同的"生命周期"，在周期内，人们收集、融合、分析和对数据做出反应。[9] 同样，卡内基梅隆大学团队也确定了自我量化面临的关键挑战，包括收集所需数据（例如想录入数据的时候，设备却正在充电），整合数据使其变得有意义（例如如何才能在同一个地方获取所有数据），以及研究数据（例如放弃

做其他事的时间来反思，因为数据不像表面上看到的那么简单）。[10] 普通的自我量化者想要通过追踪设备来获得他们需要的结果，可能面临更多困难。根据普华永道的一份报告，21% 的美国民众在使用可穿戴设备，但坚持每天使用的只有 10%。[11] 2012 年，有 60% 的健康应用的用户使用周期仅为 6 个月。[12] 早在多年前，技术行业就已经意识到普遍存在的提前终止使用的现象。[13] 学术研究也发现自我量化工具无法长期"吸引"用户。我们将在第 4 章中讨论目前技术行业为何如此努力地增加用户黏性。

仍有自我感觉良好的行业和媒体，公开表达对健康支持技术的强烈需求（再次忽视了自我量化实际上可以做到的所有其他事情）。大约一半的受访美国人表示，相信可穿戴技术能提高预期寿命 10 年（占比 56%），帮助减肥（占比 46%），提高运动能力（占比 42%）。[14] 显然，"该行业的数据产品可以解决健康问题"的信息正在扩散，即使事实上问题并没有得到解决。"量化带来看到缺陷的能力"的假设，反过来又形成为支持自我量化而参与、影响商业模式和技术设计的能力。但是，在实际使用时，人们放弃量化的比率表明，他们也不认为这种模式足够有效。通过引进技术就能减少肥胖或增加寿命的幻想，开始与生活中人们如何使用这些工具的实际情况发生碰撞。

一些研究人员认为，人们在自我量化时"真正所做的"，是证明自己可以妥善管理自身事务，并以社会认可的方式控制身体。[15] 另有研究人员将自我量化描述为"一种为了放松自己的思考负担，人们将身体管理任务外包给技术的做法"。[16] 还有一些人希望看到技术作为"感觉的实体"来限制自己，让自身专注于即时的闪念，而不是经过深思熟虑的明智追求。[17] 我们自己的立场是：数据应该被认为是一种传感器。[18] 电子传感器通过保持电信号的质量来读取数据，且只保留其中一些信号。烟与火并非同一事物，但有时烟预示着火。类似的，就数据来说，一些数据被传递下来而另一些没有，在这种不完美的传递中，人们有许多发挥空间。

别人的做法以及别人为何如此，是人们看待自我量化的重要影响因素。有时自我量化不是个人行为，虽然它的名字可能意味着这一点。在各种各样的情况之中，自我量化中的"自我"被其他利益和动力所驱动，开始变成"他人量化"。社会学家黛博拉·勒普顿（Deborah Lupton）分析了完全自我驱动和被商业推销驱动的量化，这有助于确定二者兼有的情况。[19] 公共量化（communal tracking），同时也越来越多地被称为"公民科学"，涉及将私人的量化数据捐献给公共卫生研究，以期获得更大收益。例如"开放路径"（Open Paths）项目，协助用户从多个移动设备和数字源获取数据，然后选择将自己的数据捐赠给哪个研究项目（如果有的话）。逼迫量化（pushed tracking）是人们被给予经济激励的情况，例如雇主通过各式各样的棍棒和胡萝卜来"激励"员工自我量化；或受到来自社会的压力，使得不量化会付出很高代价。有时出于医学或其他方面的原因，孩子会被父母要求自我量化，或由父母来对他们的举止进行量化。父母确实有这样做的理由，但与成年人相比，孩子给出有意义的反馈的能力更弱。强制量化（imposed tracking）指没有更有效的替代方案时的量化，例如当活动量化成为就业或参保的先决条件时。

关于产生数据的自我量化者和数据访问者之间关系的思考尚未达成一致，要想形成更有力的公共政策，这些都是讨论的关键。这也是可能发生更严重的负面社会后果的地方，我们或许将会看到涉及更强烈抵制的做法。最近警方使用身体相机、警车车载相机和路人使用手机相机的经验表明，监视工具有可能被用于与初衷完全不同的地方，比如用于反监视，或从底层观察上层权利者。到底谁监视着谁，不能一概而论。

用于量化的工具

谈到工具，我们指的是任何可用于收集、分析和理解自我量化数据的设备，这里的"数据"包括了从原始的纸笔记录到"实验室"数据，比如微流体学的新发展，使得在不将样品送到实验室的情况下，也可测试血液、唾液或其他流体。自我量化技术已经发生了许多重要变化，提升了我们收集和分析数据的能力。电子产品的小型化使我们可以在手机和可穿戴设备上记录运动数据，电池寿命和低功耗芯片组的改进使传感设备的使用时间可大于一天，低能耗蓝牙无线电的引入使得设备可以更有效地连接，当然我们也可以使用云计算来存储和处理数据，从而使日常量化成为可能。仅仅在确保电子设备不熔化上，就已经做了很多工作，这本身其实就是一项伟大的工程，更不必说上文所提到的技术。从技术上来讲，一些事物本身就更易量化，例如步数与压力或激素的关系，这影响着人们在选择量化对象时，侧重于关注"健康"还是"健康综合征"。[20]

工程师必须面对复杂的电路，但他们也有自己的社会想象力。技术建设社区内流传着许多"愿景"，它们通常预示着最终会推向市场的产品。20 世纪 80 年代诞生了**普适计算**（ubiquitous computing）思想，即计算机有一天会成为身体和环境的一部分，而不仅仅存在于办公室中，这一思想自产生之后一直是技术社区的重要思想。这个想法有效地推进了"可穿戴性"的思考。**诱导计算**（persuasive computing）思想，指计算机可以"推动"人们以特定的方式采取行动，也促进了可穿戴设备中常见设计策略的创建。计算机科学的这个子领域也对**游戏化**（gamification）提供支持，也就是使用游戏设计技巧来鼓励用户执行某些动作。游戏化将量化行为转换为游戏，比如用积分、星星奖励，来鼓励使用牙线或跑步，或者用更精致、更复杂的策略来奖励某些行为或动作。社交网络分析是另外一个驱动技术行业的想法。新形式的媒体建立在社会学家斯坦利·米尔格拉姆（Stanley Milgram）20 世纪 60 年代提出的"六度分隔理论"之上。脸书、推特以及类似的专业社交网站，都应把自己如今的受欢迎程度归功于社交网络的重新发展。现在，大部分记录活动的应用或设备都有社交属性，比如可以邀请朋友、家人来竞争或支援。网络并非唯一的社交方式，但网络被嵌入大多数技术系统中，因为网络提供了展示社会关系的、可供计算机处理的结构化方式。

有关量化的社区

在社会学和人类学中，"社区"这个术语有时指代强大的相互关联的社会或家庭关系，而另一些情况代表特定的地理位置。"实践社区"指围绕共同利益而召集起来的一群人。[21] 在线论坛被称为"社区",无论它们是否具有真正的社会支持,或可能只是技术公司出于自身利益,用怀旧感来吸引大家的注意。无论如何,在许多团体和地方,人们都谈论着自我量化数据。本书中,我们将用"社区"来特指人们一系列或松散或紧密,甚至可以位于不同地方的关系,人们在"社区"中谈论数据。这些关于数据的讨论,有时发生在家庭成员之间,有时发生在医生当中,有时人们在线和朋友或其他人比较数据。同时,对于如何讨论自我量化数据,专业的实践社区也有他们自己的一套方法。我们使用**社区**来代表所有这些不同种类关系的做法,建立在查尔斯·卡杜辛(Charles Kadushin)对社会圈子的定义之上,即使私下里不相识,人们也可以属于同一个圈子。[22] 在社会圈子里,人们对于谁属于或不属于这个圈子,有一套不成文的规则。

自我量化实践在几个不同的社区开展。前文中提到的 QS 社区是其中一个很重要的社区。在注意到旧金山湾区周围的人们从增强的自我量化技术中获益之后,2008 年,《连线》(*Wired*)杂志的编辑加里·沃尔夫(Gary Wolf)和凯文·凯利(Kevin Kelly),在凯利位于加利福尼亚州帕西菲卡的家里,举行了首次聚会。之后不久,沃尔夫建立了网站 quantifiedself.com。截至目前,QS 社区"聚会"在 38

个国家的 119 个城市开展，还定期举办国际会议和座谈会[23]。QS 社区强调单个个体的自我实验，他们有时称作"多中取一"研究，其中"多"，也就是研究中的所有案例总数，其实就由个体本身组成。在大多数 QS 聚会中，人们通过"展示和讲述"分享自我量化经历，所有发言者都被要求坦率地回答三个问题：你做过怎样的自我量化，你是如何开展的，你从中学到了什么。许多谈话被录制下来，并发布在网站上分享。

QS 社区中的一个关键规范是，人们将意见集中在他们所知道的适用于自己的方面上，这意味着可能并不适用于所有人。这种扎实的对话风格为信仰、观点、立场和价值观的多样性腾出空间，同时促使人们相互学习。[24]QS 社区也不仅仅是敢于尝试的先导型用户专属的群组，它正在演变为一个社会舞台，在这个舞台上，人们讨论本书中讨论过的许多社会争议。QS 社区使用的在先导型用户之间提倡的会话风格，也可促进技术和公共卫生的对话，这通常难以在单一的专业社区中进行。在讨论中，会产生一些非常实际的进展，尽管不完全成型。

惠特尼·贝泽尔（Whitney Boesel）是一位社会学家，也是 QS 社区的成员，她设计了一个极好的表格。她将在沃尔夫和凯利的第一次聚会中发展起来的，在后来全世界的 QS 聚会中占据主导地位的实践区分出来（见图 1-2）。因为人们经常把自我追踪称为"自我量化"，她把大部分人的通常做法称为"广泛自我量化"，占主导地位的实践人群称为"主导自我量化"。这张图用一个圈代表 QS 社区，她所特指的"那个群体"，即主导自我量化，存在于广泛的社会实践和现象之中。

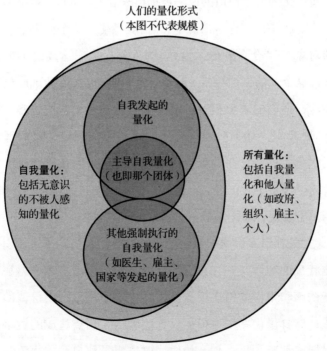

图 1-2 量化的分类

资料来源：惠特尼·贝泽尔，*The Society Pages*.

因"广泛自我量化"悦耳易记，所以已经被记者、产业权威和学者等推广使用，用于指代和自我量化相关的所有事物。记者们现在说"自我量化技术"（计步器、睡眠记录装置和类似的产品）和"自我量化运动"，他们通常用这些词描述使用自我量化产品的广泛人群，而不是 QS 社区活动中的小部分人群。以"自我量化"的名义，许多关于自我优化的文化价值的说法被提出来。

问题是，在许多情况下，"自我量化"这个词用于指代的对象，却恰恰与 QS 社区里的人们极力想达成的事情相反。这个词的使用经常（但不总是）独立于 QS 社区成员的想法，他们的思想和对自己所做工作的定义也被忽略。在 QS 聚会上，你不会发现有人刚刚谈论并吸收"我们都需要优化我们自己"的观点，但你会发现人们在质疑医生的处方、满足个人的好奇心。沃尔夫本人对自我量化的介绍，侧重于发现，而不是顺从于既定的做事规则：

"关注自身健康的量化者，希望确保医生不忽略他们身体状况的细节；关注自我精神状态的量化者，常努力在市场诱惑和常识的错误观点中，寻找实现自身个人价值的方式；健身量化者尽力根据自己的体型和想要达成的竞争性目标来调整训练计划，他们同时也想了解自己的优势和劣势，发现未知的潜力。在这方面，自我量化不是优化自我的工具，而是发现自我的契机。"[25]

QS 社区的成员都有自己关于"量化自我"真正含义的定义，虽然并不都和沃尔夫的一样，但在这个名字里，有一些重要的在发生的东西，不能和这些其他的方面混在一起。为了更清楚明白，我们在这本书里使用"自我量化"来泛指人们量化自我的做法和社会现象。用"主导自我量化"，即 QS，来指代沃尔夫、凯利建立的这一特定社区。

QS 是一个重要的社区，在随后的章节中，我们会了解关于这个群体的更多知识，但它并不是人们为了解数据意义所成立的唯一组织。长久以来，在网络上，在线的患者社区一直很活跃，也包括许多分享、讨论数据的论坛，人们在其中一起转换、整合数据。一些在线社区，比如"Patients Like Me"和"Cure Together"，为了促进收集有关病情和疾病的更多知识，要求成员共享数据。其他组织有更具社交风格的在线工作架构，比如我们在标签"推特聊天"中发现的 #bcsm（breast cancer social media，乳腺癌社交圈）标签，#hcsm（healthcare social media，养生社交圈）标签，#hpm（hospice and palliative medicine，临终关怀医学）标签；脸书群组；以及一些围绕特殊病症和疾病而建立起来的网站。应用和服务通常提供"社交"功能，基于社交网络或一对一联系。例如Coached.
me网站，将潜在的数据驱动的健康教练与持有数据并寻求建议的人群关联起来。这类应用和服务通常可以让人们在一个小群体里分享数据、得到鼓励，感受来自他人的关心。

还有一些社区，对看到自我量化的特殊愿景成为现实很感兴趣。这样的情况在卫生改革和技术会议上很常见，如TEDMed（专注于医疗方面的TED演讲）、斯坦福药物X计划（Stanford's Medicine X）、欧莱利健康项目（O'Reilly Health Foo）、健康情报和系统管理组织（Healthcare Information and Management Systems Society，HIMSS），以及健康2.0（Health 2.0）。他们由企业家、学者、工程师、风险资本家、医学专家组成，也有一些是应患者提倡而建立。在学术方面，计算机科学大会比如全球普适计算大会（Ubicomp）、诱导计算（Persuasive Computing）和CHI（Computer-Human Interaction，人机交互）研究开发了目前市场上的许多技术。

最后，最重要的是人们为了理解数据而寻求帮助的社区。在这里，人们通过和其他人对话来理解数据——这些对数据的理解不是空穴来风，它们不同于在线或者因某种目的而设立的特殊社区。关于自我量化数据的谈话内容，会因为谈话对象不同而完全不同，比如和家人、医生、朋友或其他使用自我量化工具的人谈话。

当社区、工具和实践交织在一起时，我们发现，一系列争议和社会问题会导致最终谁从这个现象中获益。在第 2 章，我们将进一步探讨目前的问题。在随后的章节里，我们深入探究关键社区如何通过研发新产品和工具来解决问题。

第2章

当个体面对社会，孰轻孰重

不论我们是否愿意进行自我量化，或被他人（征求或未征求我们同意地）量化，我们的个人数据（通常是最原始和私人性质的数据），都会把我们与广大的社会体系联系起来。数据包含一个虚拟自我，即存在于全世界服务器里的"数据分身"。[1] 当它踏上旅途，自我的一部分也一同前往。在这方面，数据带有社交性质。它同时具有个人性和政治性。

谁需要数据？他们又想用数据做什么？本章将概括讲述可以影响这些问题答案的社会动态。当自我量化技术在新闻里大肆讨论时，隐私是最经常被提出的问题。这很容易理解：有越多关于我们的数据充斥周围，我们的隐私就越容易受到侵犯。但同时也有许多其他的关于数据的可能影响，在个人和社会层面，积极的消极的都有。一方面，由感知技术获得的数据可能造成歧视，或导致关于身体的负面观点合法化。另一方面，个人数据，特别是和他人的数据结合起来分析时，可以产生造福于个人和社会的发现。我们最后讨论隐私，因为先理解技术的其他含义可以帮助我们认识为什么隐私如此重要，却一直极难保护。

作为个体，我正常吗

当人们初次使用活动记录器时，所问的第一个问题常常是自己的读数是否正常。"正常"有时候等同于"和大部分人一样"，也有时候被用以形容理想情形。许多自我量化工具无法区分二者。生物医学化的文化，教导我们结合其他人的状况来衡量自身，这也是科学通常的做法。科学在人群里测量某种现象，并将人群分类。用数学图像来描述的话，大部分人处于正态曲线的中间位置，正态曲线是一个钟形的曲线。并非所有医学现象都呈钟形分布，不过如果数值在一个想象的"中心"外，从人文角度看，就意味着出现了某些问题，或许需要医学干预，或许需要自我约束。然而，也不是所有个体都存在问题，数值高低的不同、中心点的不同可能仅仅是个体差异。

人们在决定自己要测量什么的时候，数学正态分布与理想状态下的"正常"的融合给予他们巨大力量。我们中的许多人生活在那种崇尚"自我提高"和"采取行动"的社会环境中。如果选择**不**对一些潜在的问题采取行动，这个人将成为人群中的双重异常值，是绝对"不正常"的存在，也意味着达不到自我提高者眼中的文化上的理想状态。数据可以使人们承担起一些相关工作，比如确定他们的数据是否代表正常的个体差、身体问题或关于健康的社会信念。要区分生物学上的人类问题，与因为公众定义其"不正常"而成为问题的问题，不总是那么容易的。

比如活动跟踪器。大多数跟踪器推荐每天走 10 000 步，让我们跳出思维定式来看，这个数字其实高于美国平均水平的两倍，并且，对于多数人来说，高于官方推荐的每周运动 150 分钟。当某人一天走了 7000 步之后，应用告诉她，她其实应该走 10 000 步，她就可能会思考"我正常吗"。她或许会决定接受达到 10 000 步才是"正常"的观念，接受自己缺乏运动的事实。她甚至可能会多走几步，虽然在现实中，这种情况常常只存在于这个设备是新买的并且很有趣的时候。运动监视器通常不会标明不同种

类人群"（平均状态下的）正常"步数是多少，也不会说明
不同医疗条件的不同影响，或者告诉用户这只是一个理想
水平。特定年龄的平均步数是多少？不同健康状态的呢？
不同医疗水平的呢？我们可以认为 17 岁和 70 岁的人需要
同样的步数吗？美国的步数平均数比汽车不那么普及的国
家少。世界上从事农业的人步数更多，他们每天走的步数
比西方国家认为的"正常"甚至"理想"数目还要多。他
们的"正常状态"是否也被认为是"理想状态"，这是一
个充满价值的判断，差不多和过度工作的后果评估一样
重要。

　　于是，"我正常吗"成为社会划分人群——年老或年
轻，体力劳动者或办公室白领，和随后人们如何使用这些
分类的问题。一项基于工作地点的步数研究显示了随着量
化变得更加广泛，这些分类将如何演变。[2] 一个项目在公司
内组织了一项竞争最多步数的比赛。这个比赛不会对人们
的活动水平产生长期影响，但它引发了关于能或不能每天
走 10 000 步的合理讨论。家里有生病小孩的母亲不必参加
本次比赛。团队里的人们为了不让其他人失望，感受到了
压力。这是第一次将分类，家里有患病小孩的母亲，考虑
进这种情况，虽然这是一种偏离了锻炼的社会义务的状态，
但它被认为是"正常"的。

在某种程度上，个人的决定确实会产生影响。一个使用活动追踪器的人可以决定自己是否被应用设计者放在了错误分类里，比如把她分在了更年轻的群体里。事实上，当唐恩从膝盖受伤中逐渐恢复时，她决定，3000步是她这种情况人群的合适水平，虽然她的活动追踪器制造商一直提醒说她"缺乏"运动。同时，设计限制着我们的选择。当唐恩选择不接受这种"鼓励"运动得更多的思想时，她仍然被迫接受着这样的信息，使她不得不反抗制造商的假设，即残疾（对她来讲是暂时残疾），不在某种正常的范围内。实际上，她的研究表明，制造商在这个数字统计上是完全错误的。在一项研究中，唐恩招募了29名体能充沛的活动监测器活跃用户，其中只有2名最近几年没经历过大的伤痛。

这给了我们除了"家里有患病小孩的母亲""暂时残疾"之外的第三种可能。在未做出巨大牺牲的情况下，地理位置、社会主张和医学上的挑战可能会使许多人达到10 000步很困难，虽然如此，也有人会认为每天应该达到10 000步。通过数据和设计过的系统来鼓励自身行为改变，一个设备用户更能看清自己，这是作为一个人本身所无法看到的。在这种情况下，技术成为监测的一种替代品。这并不是医生或其他医疗人员的直接观察，而是自我量化工具的听起来很权威的、以准医学术语表达的建议，目的是让用户把需要自己解决的问题内化。接受"失败的行走者"的观点，让"积极的生活方式"的这种社会状况失去了讨论空间，而这种状态对大多数人来说几乎不可能达到。多数应用都只允许单独的解决方案。"社会"特征不是一场关于公共基础设施和支持个人健康的公民条件的对话，表现在日常生活中，就是人们在步数上互相竞争。哲学家米歇尔·福柯（Michel Foucault）曾警告说，这种内在的焦点正成为当代文化的核心部分，助长了一种不充分的意识，为下一次购买创造了需求。作为技术使用者，人们可以选择相信或拒绝步数模型，但是只要技术以这种方式设计，使用者仍然没法轻易逃出这个模型。

社会力量和个人数据的关系很复杂。这些分类（如未达到要求的行走者、无法控制自己血糖水平的人、"减得不是最多"的减肥者）的文化意义，随着数据种类的增加而变化。从历史上看，风险类别一直是基于人口统计学的，例如"40多岁的白人女性患××病的风险更大"的说法。风险类别有社会和生物学成分。例如，在社会上，面临歧视会产生压力，压力又会增加患某些病的风险，比如心脏病。关于吃什么食物的信念是社会性和文化性的，但它导致了人们体内拥有类似的微生物群落，因此越来越被视为了解健康的一个关键。有了更丰富的数据，定义"和我同样的情况"的类别就变得更复杂。事实上，在 QS 社区里，有一个活跃的讨论，正是关于如何从问"什么是正常的"，转变为"对我来说什么是正常的"。安妮·赖特（Anne Wright）在 QS 社区会议上提出，用数据作为工具，将现在的你与之前的你比较，是一个很好的跳出"我正常吗"陷阱的方式。类似地，询问"在同样情况下，其他人会发生什么"是一个更微妙的学习他人经验的方式。在这里，"和我同样的情况"可以与许多不同参数交叉考虑。

这是一种统计思维方式的转变，涉及会被问到的各种合理问题，和足以回答这类问题的计算能力的转变。这种转变意味着，在接下来的时光，社会平等和隐私会持续成为被关注的主题。一方面，这种转变可以帮助一些医学"异常值"，也就是很难被确诊的医学个例弄清自己到底患了什么病。精密医学领域的新进展，为根据个人数据做医学决策提供了更广阔的前景，并通过针对个别病例的定制治疗，实现对传统诊断类别的超越。然而，正如评论家叶夫根尼·莫罗佐夫（Evgeny Morozov）指出的，如果关于我们身体的数据累积到"对个体来说正常的情况"可以精确定义的水平，那么数据收集过程可能不得不继续进行下去而无法退出。退出数据收集会成为"有什么事情要隐瞒"的有效暗示，可想而知会带来一些后果。[3] 虽然大多数工业化国家对基于数据而得出的性别或种族歧视有明确的法律规定，但从非传统的、不受保护的数据中，比如社会媒体行为，仍可以有效地推测出一些会造成歧视的内容，这包括除了名字以外的各个方面。

提问者是谁

过去数据常常很稀有，数据收集很昂贵。只有专家级研究者收集数据，并且只有在严重重大问题时才会收集数据。而现在，手机上的传感器为非职业研究者带来了收集数据并就此提问的可能。举个例子，杰奎琳·威尔赖特（Jacqueline Wheelwright）是一名健身教练，也是一位自身免疫性疾病患者，她描述了自己如何使用运动记录器来弄清自身疾病诱因的过程。[4] 通过回顾一年来宝贵的运动记录数据，她发现，当走太多路时她的病症就会突然爆发。专业医学还没能提供引发自身免疫性症状的活动阈值，但她能够询问她的疾病发作是否与活动有关，因为她有数据作为提问的支撑，使其成为需要提出并且值得回答的问题。

手机上的传感器，
为非职业研究者带来了
收集数据并就此提问的可能。

类似的，赛斯·罗伯茨（Seth Roberts），自我量化者及心理学教授，通过测试反应时间，对自己的认知功能进行了一系列实验。数据告诉他："也许每个人都能说我不知道食物会对我产生何种影响，然而，与其他任何人不同，我可以靠自己减少自己的无知，我不需要依靠专家。"[5] 罗伯茨认为，他不必动用他所有的专业知识来减少他的知识盲点。"非专家也能发现关于健康的重要事情……我所说的'非专家'是指不是健康专业人士、不以研究健康为工作的人；'发现'是指首次从数据里学到的东西——与从专家处得知相对；'重要'是指对许多人来说都重要的事情。"据罗伯茨的观点，科学研究可能在通常情况下成立，但不总是适用于特定的情形："那些研究动物，或更好一些，研究其他人得到的结论，对你适用吗？"[6]

在数据充裕的社会里，提问者可能会是你（即数据所测量的人），也可能是你和临床专家或其他专家联合。在这里，我们找到了重要的交叉。数据可以维持医生办公室一直发生的文化场景（如"你曾经像我说的这样测过血糖吗？"），也可以通过不同的"切入点"改变它们。"数据"，丹尼尔·罗森博格（Daniel Rosenberg）写下的这个词，语源学上与"在论证前给出的概念"有关。[7] 换一下切入点，就改变了话题。比如，凯蒂·麦柯迪（Katie McCurdy）画了一幅没有数字的症状严重程度图，她是一名平面设计师，也是一名自我量化者。[8]她画这个图（见图 2-1）的目的，不是让她的症状"更准确"，而是要产生一个"切入点"，用于支持与医生讨论她的病史，而不必每次都从 0 开始。依靠这些切入点，麦柯迪能方便地与医生开展与病情相关的谈话。关于自我量化和医疗，我们将在第 5 章进一步探索这些谈话会如何开展。

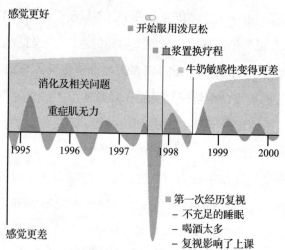

图 2-1 凯蒂·麦柯迪绘制的症状严重程度图

资料来源：凯蒂·麦柯迪。

在涉及大量人口的研究问题时，数据也有潜力影响哪些问题需要被深入研究。在第 5 章，我们将检视这个领域的其中一些努力，比如辛辛那提儿童慢性病护理网

（Cincinnati Children's Chronic Care Network），提供自
我量化数据给临床研究人员和患儿家长使用。这一领域的
项目，每一个都反映了被数据测量的人和医学专家的不
同权利的平衡。在一次由 QS 社区主持召开的公共卫生研
究人员和消费设备制造商的会议上，公共卫生研究员埃里
克·黑克勒（Eric Heckler）认为，科学研究人员不能简单
地认为可以在将公民数据收集起来的同时，又能像往常一
样进行商业活动。[9]和传统的媒体数据相比，日常数据是完
全不同的类型。从网络搜索到的手机设备收集的数据，可
以比它原始的收集目的揭示更多的内容。比如，加速计数
据通常用于推断步数，但通过不同的算法，可用于揭示患
帕金森病的可能性。临床研究暂未证实活动追踪器的效用，
但这些数据也不一定与临床研究无关，因为它收集的是正
在进行的活动，可以说明一个人的习惯及更多的日常问题。
由于数据收集的多目的性，且与个人生活经历有重要的联
系，它确实在公共卫生研究中有潜在作用，然而人们可能
会想要关于它的更多内容。

两个例子可以说明如何扩大公众参与研究的方法。一
个是苹果的研究工具包（Apple's ResearchKit），通过这项
技术，医学研究人员能够收集自愿参与医学研究的人的手
机数据。当研究工具包促进公众对医学研究的参与度时，

在量化自我公众健康论坛上，一些研究参与者抱怨说，这个设计让公众成为数据捐赠者，但却阻止了没有进行过机构审查委员会（IRB）伦理审查的人的研究。尽管这个规定可以保护苹果手机使用者免遭不道德的研究，但是病人导向研究的倡导者担心，这可能也会将民间科学家（研究机构和中心以外的研究者）排除在外，阻碍他们接触问题。在被机构研究者忽略的疾病研究方面，民间科学家扮演了极其重要的角色，典型的案例是早期艾滋病毒和慢性疲劳综合征的研究。它们被排除在社会和科学的预算成本之外。另一个是这一领域的另一方面，即"PublicLab.org"，它是一个支持环境卫生的基层研究组织，回答环境健康相关问题，和做必需的数据收集工具的基层开发。基层科学在已有的科学有效性和社会合法性方面面临挑战。对于个人自我量化项目是否能在科学上有效，从而为我们的集体科学知识做出贡献，而不仅仅只是大数据的一部分，仍然存在争议。历史学家洛兰 J. 达斯顿（Lorraine J. Daston）和彼得·加里森（Peter Galison）指出，为了不产生偏差，科学实践必须与个人观察者分离开来，这一观点在 19 世纪首次出现，当时人们需要在许多不同的研究人员身上产生"集体经验主义"。[10] 今天，伊恩·埃斯利克（Ian Eslick），一个拥有麻省理工学院博士学位的 QS 社区参加者，建立了工具来对自我进行科学研究。他不可能说"让我们降低客观性"，因为人们收集和分析的是他们自己的数据。相反，他倡导回归 19 世纪之前的想法，认为科学家可以是一个基于自身经验的训练有素的观察者："科学是关于重复性、过程、纪律、特性，关于控制干扰，还有很多不同的机制，我们可以齐心协力来讲述故事或形成决定。"[11]换句话说，科学证明不必成为我们寻求答案的唯一理由。

在提出问题方面，若有更广泛的参与，会改变问题的种类吗？自古以来，拥有更多样性背景的人和不同角度看法的人，会有和既定研究者不同的想法。当已有的研究处于一种"问题终结"状态，即研究者认为他们已经知道了行为和结果的循环方式，任何新的不在循环里的结果就被忽略了的时候，多样性就变得尤其重要。确实，当活动记录者不发生"行为改变"时，我们可能会发现问题终结的证据，并且新版的技术不会改变这个问题的基本解决方法。当已有的思维方式在整个社会中占主导地位时，社会中参与者的简单变化不一定会带来新的观点。我们认为，在健康和身体方面，虽然有占主导地位的生物医学化，社会上仍然存在多样的想法，我们将在第 3 章讨论一些想法。这种多样性能否被动员起来，组成一个更广泛的社会运动，或者自我量化实践是否会因过于个人主义而导致无法形成集体行动，是一个开放式的问题。

公共卫生结果

被《大西洋月刊》(*The Atlantic*) 称为"有价值的人"的拉里·斯马尔 (Larry Smarr) 是一个计算机科学研究所的主任，他对自己的肠道菌群进行了一系列复杂的测试。尽管他本人感觉良好，甚至向医生描述不出任何不适症状，但数据表明，他明显不太好。在 2012 年的 QS 社区大会上，他提出："你认为你可以感觉到身体内部正在发生的事，这在认识论上是错误的，你就是做不到。"[12]

在斯马尔看来，数据可以帮助我们看到自己看不到的或感觉有偏差的东西。如果用正确的方式，在更广泛的人群中观察更多现象，就有带来更佳的公共卫生结果的潜力。医学从业人员和健康技术研发者也在思考，如何依照现有的医疗条件，而不是靠新的发现，来为人们提供更好的健康状态。受福柯启发，批判理论家担心的医学化规范性掌握了过多的权利，与之不同，这些参与者不加掩饰地将自我量化工具和实践作为一种方法，用以鼓励病人遵守治疗方案，遵循推荐的饮食健康和锻炼指南，并更有效地管理慢性疾病。虽然我们认真对待批判性思维，但临床观点并非不合理的。它认为，从生理学上讲，当标准的医学知识（即集体经验的结果）通过自我量化设备传播时，人们可以做出更好的决定。事实上，技术有能力将医疗建议传播到日常生活中更广阔的领域，并且在所传播的地方，技术对信息有更精准的控制能力。

这真的有用吗？通过使用更多自我量化工具，真的使人更健康了吗？我们将在第 5 章解决这个问题，但简单的回答是，没有固定的答案，这取决于你问的是谁。在斯坦福大学举办的药物 X 大会上，关于自我量化数据的信息交换总结了这个问题的复杂性，一个专家指出："数据带来知识，知识带来改变。"观众群中一位女士回应："作为职业心理学家，我可以说如果真的是这样，就没有心理学家存在的必要了。"

许多已有的关于自我提升的项目，不论是减肥计划、财务计划还是生产计划，都是从数据开始，通过某种形式的量化以后，带来精简的有用的行为模式。但是，简单地了解（和同意）一种行为的健康性或不健康性不足以对它产生改变。事实上，我们的一位被采访者，也是一位公共健康研究者，对在自我量化工具中被认为有效的短期反馈回路表示蔑视："如果那是你的核心认同行为，要改变它至少需要花 4 年。"然而，"数据带来知识，知识带来改变"，对于从事寻找"机会时刻"的公司，是很有诱惑力的说法，正如哈门那（Humana）医疗集团总经理伊丽莎白·比尔鲍威尔（Elizabeth Bierbower）所说。像比尔鲍威尔那样的人，看到了真实了解人们的行为所带来的机会，"在合适的时候，通过正确的干预，传达合适的信息"[13]，看起来应该是有效的。当然，在成本方面，它也吸引了保险公司。然而，"实时知识"在实践中可能很难带来有意义的东西。简单的、短期的健康行为变化模型也可能无法承受社会复杂性的重压。

到底为什么要致力于技术和数据，而不是其他方式的交流，来传达医疗建议？安玛丽·莫尔（Annemarie Mol）的研究指出，通过技术提供医疗建议的倾向，与医疗保健作为一种制度实践的演变过程有关。[14] 她认为，西方的医疗保健系统试图促使病人选择，但"选择"与医疗保健的官僚化密切相关，将医疗决策变成了一种算法或配方。血糖太高？根据规程，需要做 X，而不是 Y。随着更大量的病人选择，以及医疗系统的标准化，现在任何一个病人的医生都会说做 X（而不是 Y），这是有临床证据支持的。莫尔指出，问题在于，医疗工作意味着要抛弃规程所规定的剧本，并非给予标准化的建议，而是基于病人的个人情况和偏好给出建议。她将这种差异称为人文关怀逻辑和选择逻辑，在人文关怀逻辑看来，保持某人的血糖稳定，意味着需要对问题进行医学讨论，比方说，偶尔让血糖偏低的人，去做一些让生活变得美好的事比如爬山，是否值得。在选择逻辑看来，技术和临床医生提供了简单的临界点，当达到阈值时，就需要采取措施。虽然不必去诊所让人觉得自由，但如果选择的自由仅仅是规程交付形式的自由，莫尔认为这最终不是有意义的选择。

医疗保健服务的官僚化，使技术更容易替代各种类型的干预措施，并凸显出某些市场逻辑。个人领域部门的长期官僚化结构尤其容易受到"颠覆"的影响，或与提供另一种不同产品的小型初创企业竞争。[15]第 5 章描述了健康和保健技术市场的一些关键参与者，它们已经为自己设定了"颠覆医学"的议程。积极的公共卫生结果是否采用技术，取决于技术实际取代的当前做法，以及技术是被用作医疗的替代品还是补充品。

对自助服务技术依赖的增加，有效地将劳动力成本转嫁给病人。在扩大对个人的控制，如使更多的人解释他们自己的数据，和严格的自发的数据解释之间，存在显著差异。这关系到曾经由社会机构支付劳动报酬而给予个人的照顾，现在渗透到了个人和家庭，无论他们想不想自己完成，都必须自己完成且没有补偿，能提供帮助的只有技术。被医疗器械行业吹捧的个人"掌权"的承诺，尤其是在美国，很可能是伪装成权利的负担。

个人"掌权"的承诺，
很可能是伪装成权利的负担。

通观本书，我们都鼓励读者对他们自身所在的医疗保健机构提出疑问。你被要求使用的技术是真的可以提升健康状况，还是在将行政或医疗的劳动转移到你身上？如果你自愿使用它，它是真的帮你了解身体现状了，还是说大量的数据流向了他人，而你只得到了一个无用的数字？它只是一个按规程做出反应的设备，还是真的有安玛丽·莫尔提出的真实医疗效果？

数据访问权归属

对数据的访问权，实际上是关于谁有权利分析数据，并从结果中获益的问题。人们很容易将数据访问权看作一个只有极客或疑难病症患者才有的问题。但是，考虑以下丹娜·刘易斯（Dana Lewis）和斯科特·莱布兰德（Scott Leibrand）的案例，他们引发了一个重要的公众讨论，即人们对于自己的数据，可以有什么程度的深入访问。丹娜和斯科特，用他们自己的获得授权的极客技术，连接了丹娜的动态血糖监测器。[16] 作为 1 型糖尿病患者，丹娜特别关注夜间低血糖症。低血糖不会唤醒糖尿病患者，但却可以在睡眠中使人致死。和许多人一样，丹娜很清楚自身饮食、锻炼和血糖读数之间的模式，她据此调整自己的胰岛素剂量。她和斯科特发现，这些模式很有规律，可以被嵌入一种算法中，由丹娜根据她在清醒时通常做的事情来调整。他们开发的算法，通过使用葡萄糖监测仪的连续监测数据来触发胰岛素使用，从而"终止风险发生的回路"。这近似于丹娜醒着的时候所做的事情，降低了她夜间低血糖的风险。对丹娜来说，比起仅仅在屏幕上看到数据，能更深层次地使用数据非常重要。为了编写这个算法，丹娜不得不切换到一个更老的葡萄糖连续监测模型，因为新的模型禁止访问公司专有范围之外的数据。

虽然丹娜和斯科特的工作并不是没有争议，但它指出了人们有权访问自身数据的重要性。即使这不是大多数人愿意承担的任务，但在医疗技术上，用户驱动的创新使许多人从中获益，而且它依赖于数据访问。为了回应大量对该方法的询问，丹娜和斯科特推出了开放式人工胰腺系统，与他人分享自己的技术。有些人希望看到他们的算法通过临床试验得到验证，并得到监管机构的批准，而另一些人则希望两人能够通过其他方式传播他们的工作。虽然关于传播的最佳方式存在着合理的争论，但很明显，更多的人可以从类似这样的用户驱动的创新中获益，而在这个过程中，数据访问很重要。

许多公司发现，总是会有一些数据在它们所支持的范围之外使用。有两种方式，可以让公司适应这种使用。一种是提供数据下载按钮，供终端用户直接使用。另一种是构建应用程序编程接口即 API，以便其他软件提供者可以代替用户来检索数据。

虽然表面上来看是技术性的事情，但这也是个人变得政治化的另一个重要领域。"API 接口象征着有意义的数据的入口。"Fitabase 的创始人亚伦·科尔曼（Aaron Coleman）在 2015 年的 QS 社区公共卫生研讨会上提到。科尔曼比大多数人更了解这个问题。他的公司促进了 Fitbit 用户和医学研究人员之间开通权限和传递信息，他还联合 Fitbit 改变他们的 API，以使提供的数据对研究更有用。企业只有在自己想知道个人、公共卫生研究人员或其他公司想要如何处理这些数据的时候，才会支付额外的费用用于供应和维护 API。制作一个下载按钮比构建一个 API 要便宜得多，但是对于提供什么内容，仍需做出决定。要求提供"所有原始数据"，并不能帮助公司知晓该提供什么——在实践中，关于"原始"的含义有太多不确定性。唐恩试图从她的活动追踪数据中清除心率数据，以了解非运动原因带来的心率升高。她可以使用已经"加工"过的数据来完成这件事，但要想使用"原始的"加速计数据来完成是不可能的，她并不是个手边能随时有步骤转换算法的人。

对于个人终端用户来说，当他们对最有用的数据有具体想法时，他们更有可能促使公司提供这些数据。当然，那些相信自己拥有独特的数据，或者认为不公开自己的处理方法会带来竞争优势的公司，将不会被这样的观点所说服。

谁会成为获益者

我们只是简单地讨论了数据访问为何重要，通过本书的后面部分，我们将更详细地展示对那些推动自我量化、行业发展和医疗实践的人来说，数据访问意味着什么。关于数据访问为什么重要，与市场结构有关，是需要定义的最终问题。公司会破产，会定期更换产品。如果没有数据下载或 API，用户可能会被锁定在一个新服务中，并且不会再有机会得到他们的数据。一些自我量化者称这些公司为"数据黑洞"，即从某种意义上数据可以进入，但永远无法离开。如果行业无法证明它能支持数据的可移植性，一个消费者转换成本很高的市场，是否仍然能够被称为一个具有竞争性的市场，将会是监管部门要面对的一个问题。

对公平市场行为的潜在担忧提醒我们，在自我量化数据中有相当大的财富存在。数据是"可货币化"的概念，或数据是一片蓝海的想法，是一种基本信念，激励着许多公司和投资者追随自我量化技术。数据的经济价值制约了公司愿意与其他公司、终端用户或研究人员分享的内容。它也让人幻想着，更大的数据储备能制造更多的财富——这些幻想可能会成为现实，也可能不会。我们会在第 4 章"自我量化和技术产业"中讨论这项内容。

数据作为一种经济资产，是公众考虑生活有多大程度可被商品化的重要因素。当你没有支付一项服务的全部费用，而这项服务由一家营利性公司运营时，其实你的数据或注意力才是被出售的对象。监测研究学者大卫·菲利普斯（David Phillips）和他的合著者将这种现象称为"自我商品化"。与之类似，体育和健康社会学家布拉德·米灵顿（Brad Millington）评论道："交互式、可定制的技术为监测、讨论，甚至健康和健身商品化提供了新手段。"[17] 数据所代表的虚拟自我被抽象地分割，并进行买卖。生活中其他许多方面曾经不是商品，后来也同样成了商品（如土地、水和劳动），但通常社会对商品的定义有逻辑界限。使用和传播数据的边界，是一个颇受争议的问题。在许多人的认知里，公司获得个人信息，用于提供有用的产品，是很正常的一件事，但接下来再把这些数据卖出去又是另一回事了。即使剔除个人的标志性信息，这些数据仍然是我们自己的一部分。在某种程度上，我们都画了一条线，在线内，我们会提供关于自己的数据，这确实代表我们个人，但画这条线不符合商品化这一活动。当线交叉时，我们可能就开始怀疑受到了隐私侵犯。在下一个和最后的版块，我们将展示，隐私保护与自我的表现形式及商品化世界有什么关系。

隐私保护：充满不确定性的目标

到目前为止，我们已经了解了一些公司如何交易你的身体数据，因为即使数据属于你，法律上来讲他们的销售行为仍是合理的。与此同时，公司拒绝帮助客户了解如何计算"睡眠质量得分"或其他测量方式，因为公司不愿披露其专有算法，参加任何 QS 社区会议时，你都可能会发现人们对此颇多抱怨。对于英国国民健康服务（National Health Service）打算聚焦和共享病人数据记录的计划，英国国内已经出现了提出重新识别匿名数据的方案，对此，我们可以额外进行一些讨论，指出其可能成为一项犯罪的依据。

这些情况都有两个主要的共同点。第一，仅仅将名字和地址信息从数据中抹除，不代表隐私就受保护了。不仅这些信息可以重新植入，并且在没有针对个人或直接攻击的情况下，也有明显的入侵或侵犯事件发生。我们对隐私的期望，与哲学家海伦·尼森鲍姆（Helen Nissenbaum）所称的"语境完整性"（contextual integrity）有关，因此我们会在没有被重新识别并针对的情况下感受到侵犯。当自身信息被收集时，对于数据的用处，我们有一套合理的假设和理解，以及在那种特定情境下谁在收集数据的猜测。[18] 意料之外的变化会打破我们关于情境的假设，造成隐私受侵犯的感觉。由于隐私如此依赖于特定环境，因此我们没法简单说这个或那个数据是特别"私密"的。使数据变得"私密"的，是与数据有关的问题，以及数据所涉及的主体周围的一系列人或机构。你或许不会和你的医生分享你和丈夫吵架的事，因为这太过私密，也和看病无关。但也恰恰出于同样的原因，你不会和丈夫聊你与医生、保险公司分享的东西。

这并不意味着因为隐私与"所有事情都相关"，所以机构摆脱了泄露隐私的困境。恰恰相反，要想认真对待隐私，机构对于所收集数据的相关信息，需要有更高的社会敏感度和更高的标准，并且要愿意追踪数据的可能流向。但令人惊讶的是，难于理解的、可变的服务文档是无关情境的，仅仅旨在免除组织的责任。这样的文件不符合上文提到的更高标准，即使它们可能符合法律条文。在这本书接下来的章节，你将会看到一些公司维护（或不维护）情境完整性的例子。

这些例子涉及对所有权的不同信仰，以及这些差异如何破坏情境的完整性。在大众理解中，所有权通常被认为是二态的——要么是你拥有某物，要么是别人拥有。然而，数据从来都不是仅仅由一个团体创造的。数据之所以能从无到有，是因为有人采取了行动，并且有人或公司设计了技术来以数据形式反映这些行动。所以数据属于谁呢？人类学家比尔·毛雷尔（Bill Maurer）曾表示，在梳理数据的所有权争议时，最好考虑运用我们在亲属关系中的原则（即人们与亲属之间的关系），而不是商品交换原则。[19] 在我们的步数示例中，可以将步数数据看作人们和活动追踪公司之间交互而产生的"孩子"。你不可能单独产生这些数据，活动追踪公司也不能。

随着孩子的到来，一系列的权利和义务将出现在父亲与母亲、父母与孩子之间。这些权利和义务长期存在——只有在最极端的情况下才会被移除。因自我量化数据正是由用户和研发技术的公司所产生，那么我们能以类似的方式重新设想数据的权利和责任吗？鉴于自我量化数据是私人生活经历的具体表现，与亲属关系的类比较为合理。于是，"虚拟自我"就诞生了。

像买卖双方这样的市场关系，与亲属的权利和责任完全不同，因而也和数据关系不同。如果数据只是一种商品，那么在购买、出售或交换服务后，各方的责任就已结束。这种公平的商品交易意识，使双方都得到了所想要的，正是公司在随后将个人数据货币化时所依赖的东西。这种交易实际上是在说："在交换之后，我们对数据的使用，与你无关。"许多关于如何正确使用数据的冲突，就是基于数据作为一种商品的思想，这种思想，忽略了人们自身数据的长期风险。这种捆绑在数据身上的商品逻辑，几乎没有留下什么空间来指出你的一部分仍然属于你，并会对你产生持续影响。认识到人们作为自己数据的"父母"，拥有"父母"的权利，与数据的市场交换并不相排斥，但需要同时评估市场之外的生活方面。为此我们可以说，个人数据既是一种市场商品，也是一种非市场化的"孩子"，它为我们创造了彼此间的责任。

数据的商品化，让担心更普遍的生活商品化，及希望有更稳健隐私权的人担忧。相比公司所承诺的，更进一步保护隐私依赖于在交易发生之后，须对数据主体承担更有意义的义务的概念——主体是产生数据的人群。这是一种严格的比市场观点更广泛的义务感。

在下一章，我们将研究自我量化的具体实践，以及人们为达成自己的目标和标准所进行的不同量化方式。

理解、使用数据的方式与技巧

本章研究数据的创造性用法，检查人们如何使现有产品为自身情况或目的而工作。数据经常揭示出比设计初衷更多的意图，虽然不一定有用，但从这个方面来说，数据是一种奇特的产品。比如，家庭用电监控器无意中描绘了是否有人在家的状态。然而，单一的用电监控器的作用，到底真的能说明你是一个高效的能源用户，还是当用电较多时它能对你的用电情况做些什么？解决这个问题需要更多的数据及对现有数据的不同算法，或须对这个问题进行深入研究。通常这意味着将某种其他形式的量化与现有产品相结合。

我们之中那些没有耐心进行扩展探索并不断修改探究方案的人，仍然可以从那些喜欢探究的人的探究结果中学到知识。当唐恩的膝盖受伤时，她把从别人那里学到的东西列了出来，以找出最好的方法来量化用药。他人分享的想法，帮助她免于处理一些应用程序的不当设置，这正好是让她觉得烦心的事。人们对数据的处理有着近乎无限的多样性，我们无法在这里展示所有的数据。我们的目标是描述一些常见的做法，重点强调自我量化工具"说明书外"的真正使用技巧，并分享这样做的潜在回报。

人们聚集在 QS 会议上，讨论如何处理数据和发现的陷阱。有时，人们在试图理解数据时会陷入困境，而 QS 社区的人通常会分享一些新东西，尝试解决问题，并提供走出困境的建议。出于这个原因，这里的大多数例子都来自于我们在 QS 中遇到的那群人。然而，我们认识到，这些实践是许多人都可以做的，而且在不把自己当作"自我量化者"的情况下，很多人已经做到了这些。

虽然每个项目都不同，但在这里我们着眼于 5 种自我量化的常见风格或目的：①监测和评价；②引发感觉；③审美好奇心；④调试问题；⑤培养习惯。我们提供了人们在每个方面所做的事情的例子，以及关于以这种方式量化的实际建议，这有两个原因。第一个原因是鼓励你自己去尝试这些东西，这涉及在设备手册中找不到的别人发现的想法和陷阱。我们用类似 QS 问答式谈话的精神来做这件事，这些观点都是我们看到的对他人或我们自身有用的方法，但也可能对你无效。当然，这些方法也不指望成为"众所周知的方法"或科学的黄金标准。第二个原因是即使你没有兴趣尝试自我量化，但当你看到人们为了体验其他人带来的创造力而进行这些项目，且遇到难题时，你也可以帮忙解决。正如评论家叶夫根尼·莫罗佐夫强烈提倡的，自我量化，不是让人们不加思索地跟随计算机的指令去做，也不是允许用技术代替感觉和情绪。[1]

监测和评价式量化

商业上可用的自我量化装置，大多是为评估和监测而设计的。我今天走的步数够吗？时间安排高效吗？这些问题暗示了一个目标或标准，其实问题和解决方案人尽皆知——走更多步数，以及时间安排更有效率。在这种形式的自我量化中，数据的意义是不言而喻的——步数越多越好，效率越高越好。一旦人们定好需要量化的东西，数据就被收集起来，以便反映实际完成数和预期目标之间的差距。当然，经过进一步思考，人们可能会调整所量化的内容。

QS 社区参与者阿米莉亚·格林霍尔（Amelia Greenhall）用这种方式实施了几个量化项目。她注意到，她的自我量化实验，让她感觉自己是在努力做让自己快乐的事，并追求金色星星的奖励。所以她真的制作了一块纸板，奖励自己金色星星，并追踪所完成的小目标。"量化这些事，"她说，"激励我做得更多。"她的方法是注重自己所做的事，而不是何时做或做事的频率。看到总数字（比如 15 颗金色星星，代表 15 次短跑）给了格林霍尔更大的自我成就感，而不是专注于某一天没有跑步。她还考虑了对她来说重要的时间尺度。对于从来没跑过步的人来说，15 次跑步是很多的，并且在几个月内，看到排成一排的 15 颗闪亮的金色星星比看到单纯的数字更令人鼓舞。[2]

像格林霍尔一样，如何判断哪些数据最适合哪个目标，现实与目标之间的差距是否需要被消灭，是许多自我量化者需要学习的。许多自我量化者把这个过程看作一种反馈回路，这是一个计算机科学术语，即由系统生成信息，然后根据这些信息进行调整。反馈回路不是自动的。一些人可能会认为格林霍尔的追踪方法不精确，但她选择使用金色星星，而不是记录跑步的距离，以及选择不记录跑步的时间戳，都是经过深思熟虑的，并传达了比更精确的方法更重要的信息。

监测和评价式量化的实践

有些活动天生比其他活动更难量化。比如，食物量化很流行，但是它也是最难量化的形式之一，因为食物的分量大小和具体内容很难判断。一些应用程序为解决这个问题，将加工好的食品的营养信息预先加载到它们的系统中，但这相当于阻碍了新鲜食物的食用。花费精力寻找最简单的符合量化目的的量化方法是值得的。这可能意味着更深入地反映底层目标。就食物量化来说，精确的卡路里信息很难收集，但是这种精确，只有在你有特别的原因，需要精确的卡路里目标时，才会显得重要。定性（测量质量）或主观（自己的观点）的测量可能同样有用。一种常用的做法是在吃之前拍一张食物的照片，可以追踪像颜色、新鲜度、分量这样的特性，而不必查卡路里含量。这样可以更加容易地随着时间变化进行记录，就和记录卡路里一样。如果你的目标是吃更健康的食物，那么简洁地记录下我们自己对每顿饭的主观评价（如健康的、中性的或不加节制的）是最简单的。

类似地，数字带有象征意义，可能会让人产生负面情绪。如看到自己的体重可能会让人沮丧，想要通过测量体重来激励自己可能会适得其反。[3]俄勒冈州波特兰的一位自我量化者指出，如果将单位转换为一些不熟悉的计量单位（比如将磅转换为千克，或相反），她就可以在量化的同时，不过分关注让她烦恼的数字。

一些使用者变得太习惯于运动追踪了，以至于当他们忘记使用活动追踪器时，他们甚至觉得锻炼"不算数"。许多基于感应器的设备，不允许使用者输入估计值，或者修正明显错误的数据。这意味着，如果使用者忘记穿戴设备，周平均数和其他一些算法会受到影响。当唐恩在帮助规范Data Sense（一个处理数据工具）时，她听到了大量关于这个常见约束的抱怨，并努力使用户能够在事后进行猜测性录入，这可能比精确记录的"0"更能准确地反映情况。就传感器而言，这个问题只发生在自动追踪的情况下。

引发感觉式量化

当人们通过量化引发感觉时，他们在观察身体感知的物理信号和数据记录之间的对比。综合二者，他们能更好地定义或感觉到一些现象。数据成为"感觉的替代品"，即某种帮助我们感觉自己身体或周围世界的东西。这些感觉可能会变得异乎寻常的可信。社会学家惠特尼·贝泽尔讲述了一个女人的故事，在反复使用家用排卵监测器之后，这个女人对自己的排卵时间有了更强烈的认识——非常强烈。事实上，因为这个，她变得更擅于预测自己的排卵周期，而无须通过某些类型的测试来预测。[4]在另一个项目中，一个住在美国西海岸，相当强壮、健康的35岁左右的男子，为了解自己的身体如何对糖分做出反应，监测了自己的血糖含量。他未患糖尿病，但糖分会影响所有人，对每个人都有一点不同的影响。在测试血糖之后，他会花一点时间在脑海里记录他的感觉——精力充沛？平静？有饱腹感？觉得天旋地转？他同时记录当时发生的其他事，比如，一场精神紧绷的会议或锻炼。他并没有试着去保持最佳血糖水平，而是通过这些数据，了解自己的身体如何对糖分做出反应。

量化有时甚至不需要使用传感器。罗宾·巴鲁阿（Robin Barooah），QS 社区的早期参加者，通过主观打分，记录每次用餐获得的能量。这段记录实际上是一个让身体暂停的过程，旨在让他重新感觉帮助他保持体重的物理信号，因为他已经对这个信号麻木了。他说，"控制饮食已经不起作用了……（所以）我得出结论，我可能需要重新学习调节体重。我所说的'学习'不是指要有一个供我实践的系统，而是让我的身体像（从前）做过的那样，自行调节体重。"[5] 他的方法与心理学或生理学有关减肥的方法无关，但他的目标是重新学习体验饱腹感，事实上他这样做过之后，确实成功减肥了。当人们将量化与信念联系在一起时，相对于其他形式，这种量化可能更为强烈，因为它往往是人们心中所期盼达到的。通过数据，他们能清楚地知道自身的状态。

数据成为"感觉的替代品"，即某种帮助我们感觉自己身体或周围世界的东西。

这种形式的项目能产生关于原因和影响的想法，偶尔会成为假说。已故的自我量化先锋赛斯·罗伯茨常喜欢说，"你不能伪造一个你没有经历过的假设"[6]。比如，通过血糖测量项目，实施项目的人可以提出压力和血糖之间会产生相互作用的假设。他所开发的这种身体意识，也可能导致关于身体有能力体验某些事的新观念。前《连线》杂志编辑凯文·凯利，称这些以技术为媒介的感觉为"外感"，用于指代技术带来的感知身体和环境能力的增强。[7]比如，德国的一个研究小组发明了一种腰带，可根据方向，间歇性地震动。在使用一段时间以后，穿戴者能脱离它，凭直觉就知道哪里是北边，并且，用这个项目小组的话来说，就是可以"感觉到空间"。[8]在这里，技术并未取代人的意识，而是用新的方式重新对感觉进行定向和延伸。

引发感觉式量化的实践

尝试与错误经常是这类量化的一部分。比如我们已经看到，许多量化情绪的人发现，他们需要在不同的软件间切换，或者设计属于自己的系统，因为他们对情绪的理解变得越发微妙。在这样的项目里，最初用 1～10 的尺度记录快乐或悲伤程度就已足够。随着意识变得微妙，可能需

要不同的记录策略。悲伤与愤怒不一样，而在不同条件下
"不快乐"可能变得很重要。

就其他量化形式来说，收集何种数据，取决于目标是
什么。如果目标是分辨是否陷入抑郁，那么有多少低情绪
的分数被记录下来，以及持续时间多长，可能比准确描述
这些情绪更重要。相反，定性的描述（"快乐""忧郁"或
"兴奋"）可以更形象地描绘所经历的情绪变化。

有趣的是，不使用传感器量化（如人工量化）的一个重
要应用，是决定输入的数据指代的是现在、过去几小时还
是整天。许多引出性的量化项目量化"目前"的感受，但
是事实并非如此。人们通常说经历了愉快或者糟糕的一天，
所以在我们的情绪例子里，在一开始就把"快乐"或"7
分"作为用来表示一整天的感受是有意义的。如果这种感
觉的停止是捕捉情绪的最好方法，那么它本身就是情绪持
续多久的一种指标。

像情绪这样的数据如何被标记，传达了可想象的量化
范围。一些量化应用使用列举方式，即事先为一种类型设
定好标签来实现量化。对于情绪，这类标签可能包括"愉
快""焦虑"或"沮丧"。一些自我量化者偏好用非医学化的、
对他们自己有意义的语言。有时单独的一个标签就足以描
述某些人的自我量化目标。同时，另一些人，可以通过第

二个或第三个标签来及时描述观点（比如我们可以同时使用"快乐"和"沮丧"）。在这个过程中，重要的是用合适的标签，来表达你试图理解或体验的那种情绪或感受。

实践中，用于引起情绪或意识的量化，常常意味着抑制评判的冲动。引出感觉可以帮助提出假说，但是要与新兴的解释匹配，就要避免需过滤的数据，这可能会很困难。需要注意，引出感觉是医学诊断过程的对立面，医学诊断通常意味着迅速排除可能。在这种量化风格中，假设的解决方案被暂停，以便尽可能充分地开发正发生的事情所引发的身体感觉。

审美好奇心式量化

20世纪30年代，曼·雷（Man Ray）用通过数学计算制作的身体模型，来创作雕塑、绘画和摄影作品。现在，一些艺术家使用个人数据作为材料，创造可视化作品。艺术家劳丽·弗里克（Laurie Frick）将她手机上的GPS数据转换成拼贴画一样的抽象模式（见图3-1）。弗里克将数据作为构建艺术作品的本体，而不是作为科学或证据。类似地，雕刻家斯蒂芬·卡特赖特（Stephen Cartwright）为通过数据得出的原材料赋予形状。从1999年起，他就开始每天每隔一小时记录自身所在地的精确纬度、经度和海拔，然后将这个数据和其他一些变量结合起来，制作雕塑作品。最终的作品很抽象，主要与视觉呈现形式有关。[9] 虽然如此，卡特赖特的影像并非用于帮助解释或分析数据，但他的作品表明这样的形象化可以帮助人们讲故事。

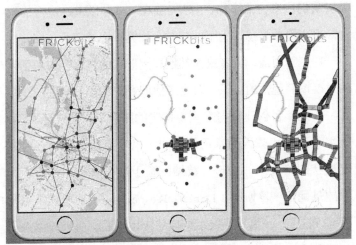

图 3-1 劳丽·弗里克的 FrickBits
资料来源：劳丽·弗里克。

满足审美好奇心在某些方面与引发感受类似。在纽约视觉艺术学院（School of Visual Arts in New York City）罗布·沃克（Rob Walker）的艺术硕士课程上，学生们需要开始具体的关于"练习注意力"的课程，来强化发现被忽视的东西的能力。[10]

沃克把自己看作游击队员，且正处在一场他称之为"去视觉化"的战争中。他担心，铺天盖地的广告占据了人们注意力的方方面面，会导致人们在潜意识中，用广告公司所创造的词汇来看待这个世界。为了让自己从不同的角度看世界，沃克的学生举办了"寻宝游戏"，来找寻公司不太容易吸引我们注意力的事物。"寻宝游戏"举办以来，这样的事物似乎变得越来越常见了。注意、计算、记录细节，使其成为一幅完整画像，或者成为其他视觉形式的过程，加深了学生对事物普遍性的认识，改变了他们看待世界的角度。

一些项目创建数据来呈现特定的图像。人们已经发现，在用于跑步和骑行的量化软件中，用户会通过选择具有特定形状的路线来"绘制"数据。基于这个事实，华盛顿大学的丹妮拉·罗斯纳（Daniela Rosner）和她的研究小组开发了 Trace，一款基于数字素描的应用程序，可以根据人们创建和标注的位置来生成步行的路线。比如走出一个心形，应用程序会将它映射到街道上，从而产生一个加密的信息，发送给收件人后，收件人通过行走来解锁。

审美好奇心式量化的实践

审美项目并不局限于由艺术家发起。在数据的字面意思之外，体验数据的视觉含义，是人们探索日常生活的一种重要方式。比如，每天拍摄食物的人，手上的资料或许可以作为拼贴艺术的素材。如果这些素材以新的方式组合，说不定会产生一些令人满意的视觉效果。即使没有特别具有视觉吸引力的方面，数据的可视化也可能成为有趣的记述个人传记的方式。比如"查理"，他记录下了每时每刻自己面对的主要地理方向，关于这样做的初衷，他表示自己并没有特别强的目的性，只是"为了好玩"。然而，当人们让他解释这些数据时，这些数据能够勾起他特别的记忆，他可以用一种新的方式讲述自己的故事。

对于没有受过艺术训练，但是对这样的视觉项目感兴趣的人来说，重点在于，要记住，从概念上令人满意的工作，并不需要特别精致专业的艺术设计。相反，审美的复杂性可以掩盖内涵的缺失。[13]重要的是你在自己的数据中看到的东西，而不是别人可能看到的东西。事实上，使用自己的数据做原始素材，也是开始发展数据可视化技能的好方法，因为和使用别人的数据相比，人们更容易理解自身数据的深层含义。罗布·沃克的"20种去视觉化"清单，即将成为视觉艺术学院的一门课程，它是让你思考那些有趣并值得收集的数据的一个很好的方法[14]。

调试问题式量化

调试是计算机程序设计的一个过程，目的是弄清楚为什么系统不能按设计好的方式运行。很多时候，仅仅通过医疗诊断并不能确定症状的诱因，比如过敏、偏头痛、哮喘、疲劳和睡眠问题都很难确定诱因。诱因因人而异，往往只能在临床环境之外发现它们。对于未有效诊断的病症（就像"是的，你有偏头痛，但是，我们不知道原因是什么"），和完全未确诊的病症，数据可以变成特别强大的工具。数据作为有效的工具，也可以被用于解决其他类型的问题，如弄清为什么账单上的电费这么高，或为什么财政预算并不能反映实际的支出模式。调试的目的，常常是弄清如何解决问题，或怎样才能解决麻烦，并不必然是找到深层的生物医学原因。调试通常不是一系列像科学出版物里所说的"纯净"的实验室实验，但这也说明，调试的目的不是发表什么理论，而是寻找问题的解决办法——是调试，而不是证明。

安妮·赖特的故事是数据有用性的典型例子。作为前NASA 机器人专家，她用自己掌握的科学技能，来调试自身的医学问题。赖特病得太重以至于无法工作，因为用她自己的话来说——"我身上这些模棱两可的病症，让我很难在生活中做想做的事，但在所有的测试中它们却都是阴性的。"[15] 她的病症被怀疑源于胃肠道，她拜访了很多专家，却没有得到一个有用的诊断，也没能了解病症的诱因或原因。

赖特转向了自己的调试技能。根据研发"火星漫游者"的工作经验，"在这个工作中，当出现问题时，不可能像汽车或冰箱这样的标准化产品一样，有流程图引导寻找导致故障的地方，并给出维修指令。相反，我们必须将预期与观察相比较，自行寻找故障原因。"[16] 她开始将其用于自己的身体：拍所吃的食物，用心率感应器做实验。在医生的建议下，她限制自己只能进行阿育吠陀式饮食⊖。追踪这种饮食带来的结果以及其他一些事情，让她意识到，当食材中包含属于茄科的三种食材中的一种时，她的病情就会发作。通过阅读其他人的经验，以及参加生物讲座，赖特开始理解自身病症的生物医学原因。

赖特的经历是一个重要的提醒：诊断和测试是为那些落在钟形曲线或中心之外的人设计的，而不适用于离群值。像慢性疲劳综合征这样的新兴病症，"必须努力去争取确

⊖ 阿育吠陀式饮食，即 Ayurveda-prescribed diet。阿育吠陀是印度的一门医学体系，如今也代表着一种健康的生活方式。——编者注

诊。"[17] 当病人的描述不符合钟形曲线内的现有知识或协议时，医学专业人士会对故事的真实性产生怀疑。在病人的倡议下，慢性疲劳综合征现在至少在医学上被确认了。有一些医学问题过于稀有，比如赖特的病症，以至于不能通过倡议来获得对它的承认。然而，拿赖特的病症来说，还有足够多的人患有相似的病症，互相交流能帮助他们了解自身的问题。但是并非每个人都像赖特这么幸运，能找到非医学的解决方法，值得庆幸的是她找到了。她公开分享了自己的故事，以证明当你可能需要精确理解某个医学问题，而别人无法提供帮助时，你可以通过自己的努力做到。事实证明，数据得出的结论非常有效，使她能够继续正常生活——除了让她能活跃于 QS 社区，还改变了她的职业生涯，赖特随后转入"量化身体"项目工作，这是一个帮助人们学习成为同伴的"数据教练"的项目。

调试问题式量化的实践

有一小段时间，安妮·赖特担任唐恩的"数据教练"。虽然在自我调试方面，没有唯一的方法，但我们的建议反映了唐恩从那次经历中学到的东西。对于调试，有三个因素值得记录：症状本身；可能是罪魁祸首、触发机制或原因的事物；可能促进症状缓解的做法。创建数据集，记录症状开始时同时发生的其他事，或症状发生前的事，都很有用。量化的作用，是缩小潜在罪魁祸首的范围，比如某种食物、缺乏睡眠或压力过大。类似的，要用尽可能接近实际感受的语言来描述，而不一定使用医学语言或术语，这样保存的数据，在以后可能会产生重要作用。

在有了罪魁祸首的清单和可能带来缓解的想法之后，就可以开始思考量化的最佳方式了。人工记录，还是使用传感器或智能手机？Quantifiedself.com 网站包含了大量的工具及其使用描述。注意，一定要查看设备提供的具体数据内容。比如，如果你只关心睡眠持续时间，但制造商只能提供睡觉时间和起床时间，那么这个设备并不适合你。同时，还要检查是否支持将设备记录的数据与手工记录的量化数据结合在一起（通常是通过数据导出功能）。同时，也需要决定手工记录数据的形式。在本章最后，我们提供有关这个做法的一些思考。

在量化一段时间之后，有些人能产生一种感觉，知道量化多久之后能有效果，并且了解自己需要多长时间才能从一种方法中学到所有东西。其他人则从基于实验的研究中得出明确的原因和结果。马克·德拉戈（Mark Drangsholt）是华盛顿大学的教授，教授循证医学，他本人患有心律失常。马克提出，他的许多医学院的同事认为，自我量化是"一种低水平的（科学）证据，人们甚至不知道量化的数据是不是真的"。[18] 德拉戈主张将病例交叉设计作为对单一案例研究的改进。这种方法将同一个体的数据分为三组，"控制"数据收集在正常情况下的数据，"暴露"数据收集症状发生之前的可能触发机制数据，"风险"数据收集症状发生中的数据。德拉戈的案例中，缺乏睡眠、饮用超过一杯的酒、公众演讲，都是一些增加心脏病症发生"风险"的"暴露"数据。这样做有利于进行比较，虽然事情发生的时间不同，并且不是在人与人之间比较，但可以对暴露下的发生症状的风险进行正式计算。通过这个方法，德拉戈得出了能同时让他作为科学家，和作为一个为避免触发心脏病的普通人都满意的结论。

病例交叉设计涉及一些统计处理，方法可以在网上找到。另外一种测试方式，A/B/A/B 测试，使治疗期和非治疗期交替出现，有利于让干预前后的差异更清楚。使用这种方式，自我量化者无须使用太多数学计算。有时在治疗期间，A/B/A/B 测试与安慰剂结合在一起。然而，即使使用从科学中提取的这些方法，仍然需要你对治疗周期，或暴露期的长短做出判断。那些不可预测的疾病，或者社会期望，会妨碍纯粹的控制实验。例如，与睡觉时间有关的实验，可能会因配偶想出去跳舞而搁浅。

培养习惯式量化

　　许多自我量化者使用数据来支持"习惯渗透"，即养成新习惯或改变旧习惯。习惯渗透基于的想法，是改变产生倾向的触发器，去做或避免去做某事，并创建更多的日常程序来支持期望的结果。习惯渗透者们协调所在的环境，并巧妙地创造实践的线索，虽然是一些在很大程度上没有经过深思熟虑的实践。许多人从心理学家和说服性计算创新者 B. J. 福格（B. J. Fogg）所做的事中获得灵感，他从在一颗牙上使用牙线开始，养成了用牙线清洁牙齿的习惯。[19]从一颗牙齿上开始，比从整个口腔开始更容易，因此更易发起，随着时间的推移，福格的一个简单的使用牙线的手势，成为日常的"自然"事物的一部分。他把这个过程称为"小习惯养成"，代表从小行为出发，随着时间的推移，会产生习惯上的变化。自我量化者有时会聚在一起讨论"连锁"习惯，即通过在既存的习惯之后安排一种新习惯，例如在喝咖啡之后做仰卧起坐，进而有效地形成长期习惯。心理学家称这种行为是"触发"行为，或者是在日常活动中创造提醒物。

许多自我量化者使用
数据来支持"习惯渗透"，
即养成新习惯或改变旧习惯。

　　习惯渗透行为涉及各种各样的改变——识别什么习惯需要改变、评估环境中现有的安排是否支持最终目标，并提出做事的新方法。科学记者查尔斯·都希格（Charles Duhigg）建议人们把注意力集中在改变"线索"（指让人去做某事的刺激点）或"惯例"（指人们为了满足自己的潜在欲望而采取的一系列行动）上。他认为，人们不太可能改变自己寻求的潜在"奖励"（从无聊中解脱出来，需要社交联系等）。他建议用另一种方式来取代惯例。如果一个人能够确定，每天下午吃饼干的习惯更多的是为了缓解无聊，而不是享受饼干本身，那么他就能找到合适的替代品。[20]这就是自我量化可以发挥作用的地方——更清楚地识别线索和惯例，可以创造证据来反映奖励的本质意义。

　　习惯渗透有一些约束。一方面，习惯是社会性的和与环境相关的，发生在家庭、社区和社会层面。整个家庭的日常习惯不能因一个成员需要新的习惯而改变。另一方面，社会环境可以被安排，为某项活动创造社会"后果"。害怕让锻炼伙伴失望，于是做更多的锻炼，是一种行之有效的刺激方式。使用游戏主题和特征的自我量化应用程序也能带来激励，当你做了某件事以后，也可以让别人知道你做了这件事，即使其他人可能并不在乎你是否做了。无论是在社交、现实还是在虚拟环境中，习惯渗透者们都在对环境和看不见的因素进行调整，以改变日常行为，否则很容易就会无法完成习惯调整。

培养习惯式量化的实践

弄清楚是什么触发了不需要的习惯，或者现有习惯的潜在激励是什么，有助于调整调试问题和激发感觉的技巧。一旦你对正在发生的事情有了更清晰的认识，养成新习惯就指日可待了。B. J. 福格有一个遵循心理学知识的模型：明确目标，使其容易达成，然后激发这个习惯。基本的想法是将新习惯映射到环境中，而不是与环境相悖。然而，一位习惯渗透者及产品经理，在尝试了习惯渗透的延伸形式之后，警告我们这样做非常难。例如，早睡意味着重新安排晚饭时间、上下班时间、托管孩子的时间，这些过程同时也对日常习惯中的其他环节有影响。事实上，与环境打交道，可能意味着引入比你想象的多得多的改变。习惯渗透或许会揭示另一个改变的需求，这可能比第一个变化产生更多问题。另外，疾病和旅行也会影响新习惯的养成，种种这些原因，让养成习惯需要的时间比大多数人认为的更长。研究发现，简单习惯的养成周期大约为 21 天，但是"要想成为稳固的习惯，越难的习惯需要的时间越长，并且，一些特殊的习惯养成甚至会花费更长时间"。[21]

另外还有其他自我量化技术，不是通过量化来了解问题的本质，而是用以支持习惯的坚持。为了监测你想要保持的习惯，量化小细节和一致性往往更重要。一些人已经发现，在很长一段时间内，通过逐渐增加数据的方式来统计数据，而不是每天统计同样的数据，可以更加鼓舞人心。阿米莉亚·格林霍尔用金色星星来激励自己就是这种方式。以另一种做法将行为经济学利用到自己方便的地方。应用程序 Beeminder，允许你把金钱押在你自己的成功上。成功完成目标任务，就可以拿回自己的钱；如果失败，那么应用程序开发公司将赢得这笔钱。

优秀自我量化实践的特点

对各种自我量化技术的短暂尝试表明，正确进行量化，不止一种方法。像马克·德拉戈这样的人采用了"科学第一"的方法，在这个方法中，数字是客观事实的窗口，而人类偏见的影响被最小化。其他人，像罗宾·巴鲁阿或安妮·赖特，采用"认知第一"的方法，目标可能是思考这些认知是什么，或者扩展人们普遍认为的正确观点的范围，而忽略真实程度。QS 社区内部的标准是，当某种学习行为发生时，不管是什么类型的学习，"好的"自我量化都会随之产生。[22]

人类学家苏菲·黛依（Sophie Day）和她的同事，研究了科学之外的数字使用，指出人们使用数字的许多方法。这些方法不仅包括艺术实践，而且远远超出理智推理。[23] 毕竟，和人类社会所生产的艺术、音乐和文学一样，数字也是文化产物。甚至医学和其他行业，采用"科学第一"的思维方式的人，也不总是像人们想的那样，科学而精确地使用数字。在一项统计医生素养的研究中，要求医生根据给出的概率、假阳性和敏感性信息，计算出病人患癌症的风险，只有不到10%的人做出了正确回答。[24] 跨文化研究表明，人们非常习惯于以特定的方式与数字打交道，而且很难用不习惯的方式使用数据。虽然在某种意义上，没有人一开始就"习惯"自我量化技术，但是在这些情形中，我们看到了适应行为的证据，和重新调整之前所持观点的能力。科学家可以扩大他一直以来所认为的证据的范围，而人类学家可以学会使用数据，不仅仅只从人类学观点来研究问题。我们在这里描述的自我量化实践的丰富性和多样性，只是技术用户提出的多种观点的冰山一角。

在本章的最后一部分，我们进一步提供了建立自己个性化自我量化实验的建议——更联系实际的建议。那些不喜欢改变自身已有自我量化实践的读者，可以直接跳到第4章，看看科技行业是如何使自我量化工具成型的。

量化实践的进一步考虑

接下来的建议，不是规定或规范的最佳做法，只是如果你对如何开始一个项目感兴趣，我们参考自身社区参与的经验，特别是唐恩被安妮·赖特指导的经验，总结了开始项目的方向。像这样的实践并不会被撰写成书，当实践经验从一个人传递到另一个人时，人们会添加自己的观点，或者对其进行修改和调整。毫无疑问，我们所写的看似好的建议，对一个有特殊情况的读者来说，可能是最坏的。基于这一点，我们建议大家在开始自我量化项目几天之后，再回过头来看我们的意见，毋庸置疑，你会从持保留态度转变为想要主动阅读。

针对项目的初始阶段，以下是我们在收集自我量化数据时学习到的一些因素。

（1）要有一个简洁的开始。自我量化项目应该从有人做过的简单实验开始，比如可以在几天或几周内完成的。虽然通过几个月或者几年时间来量化，会带来不一样的好处，但第一个项目不应该长期占用你的时间。

（2）聚焦于一件或两件事。量化事物数量较多，会让人无法在目标上集中注意力。量化必然会产生对日常生活的片面看法，也不可能从许多片面的观点中构建出一幅全貌。利用偏向于你优势的地方，把注意力引向最重要的问题。

（3）合理命名数据。尽可能用与经验相符的方式标注数据。有时，在实际的生活场景中，提问可以帮助你找到需要被量化的东西。比如，在回答诸如"今天你想远足吗"这样的问题时，可能能对肌腱炎的疼痛程度进行量化。是否能参加远足，对有肌腱炎的人来说，是最相关的问题。

（4）时间和地点都是很好的数据管理器。按时间或地点限制数据收集，可以提高数据集合反映的观点的精确度。结合实际情况，具体指的是比如每天固定在某一时间拍照，或每次进入一个地方时拍照。记录数据的时间（今天的总体感觉、最后几小时的感觉、现在的感觉等）会使数据的意义更清晰。

（5）对量化工作实事求是。每小时记录一件事，坚持两天很容易，但是对于大多数人来说，持续两天后，这个项目很可能就此停止，不会继续坚持了。考虑你实际想投入多少时间和精力到量化项目中，并且考虑在一天中何时记录比较方便。

（6）数字、文字和图片都很重要。有时记下一个单词或拍照可能会成为最有力的记录，特别是在时间也被自动记录的情况下。即使是最简洁的注释也有利于提供良好的上下文环境，或者在之后需要重构一件事时帮助回忆。通常，传感器数据最好与手动记录的笔记或其他数据相结合，便于理解。

（7）数据有不同的尺度。如果你使用的是数字尺度，请注意尺度本身传递的信息。用 5 分制计分，可以留有中间立场；用 6 分制计分，将迫使你进行选择。有时粗略的尺度（如低、中、高）比 10 分制的选择更有效。你可以问自己，更高或更低的数字对你来说感觉更积极还是消极，据此设定尺度范围。另外可考虑将有特殊意义的数字作为计量尺度。在统计学中，数字 9 和 99 常常代表"丢失"的数据或无意义的问题。比如，你可以用 1 ～ 10 来量化心情，用 99 来代替心情没法被明显辨别的某一天。

（8）文字和图片有数量要求。单词的频率可以计算，所以它们变成了数字。像 750 Words 这样的程序，可以在任意段落中计算关键字出现的频率，这能为你关注的事物提供线索。一些人每天简单记录觉得高兴的事，然后用 750 Words 来分析，用以量化心情。通常这样的项目会与情绪分析同时进行，以确定这些词的语气是积极还是消极。

但你是否同意这个分析，又是另一回事了。

（9）自我量化工具不一定要花哨。应用程序开发人员试图对显示数据的方式做出好的猜测，哪些数据可能有用，哪些计量尺度更实用，哪些词更重要等，但这些都是猜测。纸和笔的记录、Excel 表格、谷歌表单（Google Forms），或通用的自我报告应用，比如 Keep Track 应用，给了你对于信息记录的更多控制力，并且当项目发生改变时，可以获得更多能力去改变和调整。

（10）开展几次试运行。在你第一次尝试时，有些东西达不到预期是很正常的。也许是选择的数据规模不太好，也许是收集数据的频率不现实。对自我量化项目进行修改，直到确定可行的方案。

假设你现在已经做了以上事情，并且手上有了一部分数据，你会问自己：现在该怎么做？下面我们列出了一些你可以使用的数据分析方法，这不要求你掌握新的统计或可视化技能。这个列表中的项目，是关于如何分析数据的建议，即如何寻找帮助你发现模式、找到趋势和完成拼图的东西。

（1）时间和地点是强线索。大多数人在看图表时，都很自然地寻找规律，并试着解释我们看到的峰值。通常，这些规律指出了并不直接出现在数据里的东西——如倾向于在一周的某一天去餐馆，或是在早上照顾孩子——这帮助解释数据里的波动。统计学家经常使用时间滞后变量，含义是某些东西会在以后产生效果。吃东西可能会引发反应，但不是立即生效，而是在第二天发生反应。因为数据的时滞性，数据集的两个峰值即使相关，也不会直观地排列，那么你将不得不添加一个临时调整时间戳，比如加上或者减去适当小时数，直到看到峰值之间的联系。在线形图中，很难通过肉眼看出递归和时间滞后性，但有一些方法可以使它们变得明显。比如，可以把图表打印出来，圈出每个"周一"，以便从视觉上放大这个规律。在电子表格里，你可以把数据拷贝到新表格中，删除所有与峰值无关的数据，然后查看时间栏，看看是否有共同的一天或一周的规律。像 Data Sense 这样的可视化软件，可以自动为用户呈现递归，并帮助你找到延迟的影响。[25]Fluxtream 是一款缩放不同时间尺度的工具，每一个都能揭露出不同的模式。如果你的数据有一个位置戳，和时间戳同样的原则也适用：询问在特定的地方会发生什么。

（2）滑动平均可以解释潜在趋势。滑动平均显示的每个数据点，是前面几个数据点的平均值。这个数据，直观地反映了数据的上升或下降趋势。自然状况下，体重会正常波动，与每天的体重读数相比，一周的平均体重是体重增加或减少的一个更好的指标，并且，平均数也可以减少焦虑。在数据密集且变化量大的情况下，滑动平均也能作为一种可视化工具。类似这样的数据被描绘出来（想象一个月每天收集的卡路里数据）看起来就像许多长钉挤在一起，于是纯粹因为视觉原因，我们很难看到潜在的趋势。滑动平均数可以消除数据的短期异动，同时保留潜在的长期趋势。

（3）注解。数字不会讲故事，但人会。在图表上记下评论或插入图片，可以帮助还原数据中的故事。如果在某一周内，你一直在量化睡眠，当看到某天睡眠时间减少时，你很可能回想起时间减少的原因。如果你记录几个月或一年的数据，来试着寻找睡眠差的原因，这样的回想就没那么可靠了。任何你能找到的其他事物（照片、音频资料，当时写下的某些东西）都能帮助你在所量化的指标和未量化的指标之间建立联系。

（4）拼贴画能支持视觉上的意会。当同一事物的照片（食物、药丸、脸）以一个系列的方式显示出来时，一些模式会通过形状和颜色产生。以这种方式量化会使数学计算更加困难，但视觉模式比数字更能产生强大的反馈。[26] 无意中捕捉到的位置信息，或是一个物体的包装，或是其他意外被拍摄到的人，都可以帮助你回忆起当时的情形，或者捕捉到你最初可能没有想到的额外信息。

（5）缺少数据并不意味着真正的缺失。缺失数据的修补是有意义的。它们可能意味着事情已陷入尴尬或麻烦，这使数据记录变得更加情绪化，也或许问题已经自行解决。如果关于你的缺失数据，你有它可能比总体平均值更低或更高的理论，那么你可以按自己的想法修改或降低被统计数据的平均值或相关系数。缺失数据本身也可以成为数据。在量化某一特定活动时，关注不做某件事的模式，而不是关注做了什么，可能会带来不同的解释。

（6）讲故事是一个使故事精练的好机会。QS 社区有一个公开的秘密，即问答节目。当人们不得不向别人解释数据时，往往会花时间更仔细地思考数据。这就是关于数据的完整故事出现的时候。通过与别人交谈数据，发现其他人看到的东西，可以成为数据本身另一个有用的镜像。

（7）与他人比较可以提供参考。和我们交谈过的大多数自我量化者都没有意识到，探究自身数据是否偏离人群的平均水平是很有用的。不管怎样，参考其他人的数据样本，可以看到可能的变化。比如，我们了解到，波特兰的一个自我量化者抱怨说，某个睡眠质量算法并不怎么好，因为他发现不可能获得低于 95% 的分数。另一个人插话说，他使用了同样的设备，实际上可以得到更低分数，这让第一个自我量化者对自己的数据有了更多的认识。

一旦人们有机会查看自己的数据，其中一些人可能会寻求改变。显然我们无法告诉你该做什么，但如果你陷入困境，有一些资源值得考虑。过度劳累的医生通常不愿意看到自我量化数据，原因会在第 5 章说明。与医生相比，营养学家、自然疗法崇尚者、心理健康专家，以及其他进行健康相关实践的人，通常对自我量化数据更感兴趣。还有一个新兴的领域——数据教练，他们没有受过医学训练，但了解自我量化技术，并可能对手头的问题有一些经验。一个好的数据教练会让你依然主导自己的量化，只是在这个过程中得到更多的资源和反馈。

特定疾病的在线社区可以有学识渊博的参与者，论坛上的人们有丰富的第一手经验，而且经常谈论自己的数据。如果你手上有数据，像 Patients Like Me 或 Cure Together 这样的社区，会是极佳的谈论数据和经验的场所。如果你住在市区，当地的 QS 社区问答小组将会是一个提问和征求意见的好地方。

收集数据在某种程度上产生了一种能感知到的负担。[27]如果你量化咖啡因，希望能缓解症状，然而量化结果却显示，饮用多少咖啡因并不重要，你会发现，本以为通过量化能控制症状，但最终结果让人失望。实验可能也确实会失败，选择你不想知道的和选择想知道的一样重要。然而，值得记住的是，一个问题如果能成功解决，意味着它实际上并不是个问题。人们使用数据来平息担忧，我们已经看到了很多这方面的例子。在本章的故事里，量化血糖的人同时也量化情绪和睡眠，虽然源自不同原因。当他把情绪和睡眠数据放在一起时，他发现，心情不好的日子，常常正是前一天晚上睡不好的日子。因此，他的潜在问题变得不再是问题——这是一种更常见的商业实践的逆转，也就是使用量化来创造和合法化我们甚至都不知道自己曾经有过的"问题"。

现在我们已经了解了社区和自我量化实践，让我们转向第 4 章，讨论工具和设备，以及生产它们的行业。

自我量化与技术行业的碰撞

这种邀请一般很简单：在一个因聚集了大量科技公司总部而闻名的社区里，在最酷的咖啡馆见面喝杯咖啡。在一个健康创新会议上，吉娜遇到了一个有奢侈消费品工作经验的人，他离开了奢侈品行业，转而研究自我量化设备。但在后续会议上，提出问题的却不是人种学家。会议中悬而未决的问题，无论是吉娜还是所有的科技公司都无法回答："我们将如何处理这些数据"。

"我们将如何处理这些数据"是一个重要的问题。来自自我量化工具的数据没有任何隐私和安全保护，而这些保护是健康状况数据所必需的，并且它经常能密切反映人们的生活画面。究竟多少人的数据被用于商业营销，它的使用是否有歧视性影响，或者是否降低了提供服务的成本，这些都很重要。自我量化数据已经被用来在市场营销中细分客户群体，但如果它被用作区分性别、种族或宗教，则可能会超越界限。由于资金来自数据，比起支持人们量化自我的能力，对公司来说，公司量化人们的能力可能更具经济价值。事实上，在一些私人领域，自我量化可能被更准确地称为"对自己"的量化，因为它并不是真正由自己执行，或者为了自己而做。

　　私下里人们仍然在问："我们将如何处理这些数据？"这意味着对自我量化数据的态度应该让每个人都感到担忧。随着自我量化工具的主流化，它们的开发和定义，是由庞大而复杂的行业所设定的，至少最初是。这个行业向我们提供了一套社会操作指导——初步告知我们关于新设备所能做的工作，为谁工作，以及应该如何使用。当行业内的执行者提到"我们要怎么处理这些数据"时，他们暗示，在某种程度上，这些公司自己尚不知晓自我量化设备为谁准备或能做什么事。这是一个非常模棱两可的问题，对于一个通常不会容忍不明确投资回报的行业来说，这是不寻常的。正如评论家叶夫根尼·莫罗佐夫所说，这是一个珍视"效率、透明度、确定性和完美"的行业。[1] 既然如此，那为什么自我量化工具的许多商业模式都依赖这种模糊性呢？

　　答案与技术行业工作的文化规范，以及缺乏透明的监管审查有关。这两个因素决定了市场的发展，让消费者不清楚或不甚了解数据能为自己做什么。对于哪部分消费者能获得公司设计的工具，以及这些工具在世界上反映或产生的价值是什么这两个问题，技术行业目前都能很好地掌控，这是检验一些比较常见的工业实践的一个很好的理由。

当我们谈论"行业"时，我们在说些什么

在技术行业工作的人们，利益并不一致和连贯。自我量化工具有时由个人、行动者甚至远在硅谷之外的病人团体研发。许多情况下，它们在大学内研发，进而商业化。然而，随着可穿戴设备和数字健康市场的成熟，自我量化技术获得了巨大的关注，并得到了来自强大利益集团的资金。到 2019 年，每年将会有超过 4200 万的健身追踪器被售出。[2] 虽然当我们写下这个数字时，还无法提供官方数据，但一名分析师估算，大约 700 万台苹果手表在面世的最初 6 个月内被售出。[3] 在硅谷，风险资本对数字健康领域的投资增长迅猛。2014 年，对数字健康公司的投资超过了 41 亿美元，几乎超过了前三年的总和。这部分资金来源于已有的风险投资公司，比如红杉资本（Sequoia）、安德森霍洛维茨基金（Andreessen Horowitz）、凯鹏华盈（KPCB）

及科斯拉风险投资（Khosla Ventures），也有企业投资，如默克（Merck）、谷歌、高通公司（Qualcomm）及卡姆比亚（Cambia，一家健康保险公司）。数字健康基金的增长速度比一般的风险投资基金快。对于数字健康领域内的基金来说，最高端的领域是分析学和大数据、消费者医疗参与、数字媒体设备、远程医疗、个性化医疗及人口健康管理。[4]这些领域中的许多都和自我量化设备生产有关，或需要在某方面使用工具所产生的数据。

资金的流入意味着，自我量化行业的生态系统现在包括传统的科技巨头、大型医疗器械公司、制药公司、保险公司、大型医院集团、运动服装公司和奢侈品牌。不同种类的公司，对可穿戴技术和相应的数据持有不同的动机。然而，个人创造者和"制造者"也占有一席之地。QS 社区聚会上有很多人，他们的日常工作是设计和制造自我量化技术，但他们却带了新标签：技术用户、倡导者、"黑客"（为一个新目标而调整技术的人），或者是业余发明家。多重角色为人们提供了新的方式，对思考日常工作中所做的事情进行思考。[5]唐恩对此并不陌生，她本人就是作为大型技术公司工作者，同时在 QS 社区内参与数据接触的讨论，以及产品实用度研究。作为人际交往的结果，她以不同的方式参与英特尔的设计研究，并提出不同的技术方向。虽然技术制造者和使用者之间分类的界限有时很模糊，但两者在检验工业过程如何帮助定义新设备和工具的初始社会操作指令，以及在实践中人们使用的方式，会在何种情况下对定义造成何种影响等方面很有用。

精准定位细分市场

以下几个因素有助于理解行业参与者在自我量化设备和数据中看到的商机，以及为什么会有如此巨大的市场热情。第一个因素是技术成熟度。目前传感器系统可以很可靠地发挥效用，并以部分人可接受的价格生产。创新，包括智能手机、蓝牙、GPS、加速度计的兴起，带来了新的"外形因素"（一个行业术语，用于包装物材料的技术）。技术创新让设备小型化成为可能，但正是它们的社会容纳度和包装物，帮助我们想象将其穿在身上的样子。举例说来，智能手表背后的社会实践比其技术更古老，比如人们将手表视作象征身份的珠宝来佩戴的传统。虽然这些技术正在发挥作用，但相对的新特性导致了"我们将如何处理这些数据"的相关思考。工具确实处于社会变革的边缘；随着时间的推移，我们通过在现实生活中尝试，来了解所获得的数字的意义。

如此高水平的投资背后的第二个因素，是我们已经概述过的社会变革，它使量化自身、生物医学化和大范围转向以数据为中心的文化更具吸引力。生物医学化对技术产业的影响与对普通大众有所不同。在提出商业计划的同时，指出医学专业知识，可以让人对这个计划更加信服。医学专业知识赋予这个计划一种权威的光环，尤其是在医学重要性高于科学，而使科学上的争议被淡化的时候。事实上，最近的一项研究，比较了可穿戴设备贸易展和"身体世界"（Body Worlds）博物馆中使用的隐喻，身体世界是一个科学博物展览，展示了用塑料包裹的尸体。[6] 可穿戴设备贸易展中的语言和身体世界博物馆中的隐喻几乎相同，这暗示了可穿戴设备制造商对于自己想给客户传达多少信息，即"当用户看数据时，可以知道多少东西"，持有多少把握。他们对这些数据非常了解，就像医生对于解剖肌肉或肌腱一样。这种自信有代价。在使用数据的过程中，公司不太可能为潜在的有价值的知识进行深入设计和研究，并在实践中发现其真正含义。而这可能是从未得到医学或校准领域认可的新知识。

生物医学和企业都通过概率的视角来看待事物。这些概率，比如说"坚持锻炼的女性压力更小"，在人群里或市场上都适用。通常，概率提供了一定程度的确定性，客户将以某种方式回应——客户的回应是一种确定性，这种确定性正是企业渴望的。如历史学家伊恩·哈金（Ian Hacking）所说，概率的作用是"驯服机会"，当机会被驯服时，投资就会获得收益。[7]当行业参与者听到类似"坚持锻炼的女性压力更小"这样的说法之后，若能尝试将其转化成数据形式和设计，会是一个短暂的飞跃，比如设计一种鼓励多锻炼以减少压力的技术。这引导公司根据总体概率对产品进行优化设计，并将其他的个人背景因素作为"噪声"，在设计中，很难考虑到所有因素，或很难将其作为一种有用的数据资源。然而，这种因人而异的"噪声"因素，可以影响技术的采用或摈弃，因此事实上，企业忽视了它可能带来的风险。

这引导我们走向第三个因素。对公司来讲，它们非常希望相信自身的技术擅长解决问题。叶夫根尼·莫罗佐夫把这种相信称为"技术解决主义"，是一种相信靠技术能解决复杂社会问题的思想。[8]在解决复杂问题时，技术解决主义使科技公司显得更重要，相应也就淡化了其他人可以提供的帮助。在《时代》（*Time*）杂志的一篇文章里，我们可以看到"解决主义"发表的关于谷歌新的长期健康项目的言辞激进的文章，标题为"与死亡对抗的谷歌"。[9]像这样的过度反应显然是荒谬的，但这种行为却在被鼓励。然而，我们本身在工业上的经验，使我们相信在工作中，往往也有一些更温和的东西——人们拥有想要建立起对他人重要的东西的本能。但是，对于这个问题，这种着重于解决问题的倾向，阻止了公司仔细研究在这种情况下，数据是否为好的或合适的解决方案。解决主义表示，技术对人产生影响，而不是人对技术产生影响，因此，对于产品所依赖的社会动态，公司不太愿意使用必要的资源来研究了解。这对于数据产品来说，是一个特别危险的策略，因为数据的意义与社会动态直接相关。风险投资资金可能会追随那些未脱离社会实践的主张，但与此同时，许多自我量化工具都很矛盾，因为它们与现有的实践或社区没有明显的联系，而人们正是在这样的实践或社区中理解数据的。

最后，自我量化数据引起商业兴趣的第四个因素，是其集中化的潜力。在硅谷，数据被视为值得储备的有价值的通用资源，是可能有一天会带来多重潜在用途的"新石油"。硅谷的一个常见想法是，企业实际上是在"民主化"或"扁平化"。比如，像互联网这样的分布式网络，某种意义上带来了更广泛的通信方式。然而，该行业也十分关注哪个公司将成为下一个"平台"，即下一个中心，系统中所有其他元素都必须与其连接，平台所有者可以通过该系统，从其他参与者那里赚取资金。许多著名的硅谷公司的赚钱方式是，将自己置于某种类型的分布式网络中心——不管是亚马逊网站的卖家和买家网络，还是脸书的朋友和熟人网络。有许多初创企业都试图成为自我量化数据的中心枢纽。

另一种分布式系统则对集中化更感兴趣，这意味着商业计划的"规模"压力巨大，也即需要吸引大量客户或合作伙伴。当新产品的开发者提出计划时，他们需要有"使用案例"，描述他们推荐的使用产品的方法。人为梳理使用案例，比如只保留"人们想要监测自身健康"的相关内容，可以洗去现实生活中的杂乱信息，促进"规模化"。[10] 毕竟，谁不愿意监测自己的健康呢？在工业行业工作的大多数人类学家经常看到，让企业完全接受人们实际做的事情是很困难的，因为现实生活中的那些杂乱信息让商业实践变得更加困难。现实生活的杂乱信息，使得让产品"规模化"的设想变得更加困难，因为每一个不同的情境对产品都有不同的影响作用。对于产品经理来说，找到能作为样本的通用情境会让工作变得更容易，这样有利于随后从统计上推断对更大的市场的影响，即使这些情况对部分特定人群来说没有意义。数据产品也不例外。工业参与者很难听到独立的自我量化者的声音，这个声音描述的才是真正适合独立量化者的东西。然而，最终还是要面对现实。当商业人士最终置身数据之中时，他们可能会对数据的混乱程度感到惊讶，但他们不得不问自己："我们将如何处理这些数据？"

在硅谷，数据被视为一种
值得储备的有价值的通用资源，
是可能有一天会带来多重
潜在用途的"新石油"。

数据的经济角色

考虑到行业参与者处理数据的方式，问题就转变为：财富是如何产生的，这些获取财富的方式里，是否有我们需要考虑的社会效应。在这里，我们将关注消费市场。一般来说，经济活动中使用的数据有几种不同的形式。第一，许多公司收集他们自认为可能对消费者直接有用的数据。自我量化数据即产品，如心率监测器、跑步追踪器和直接面向消费者的血液样本分析报告。第二，公司收集可能提高客户黏性的数据。如 Runtastic 和 Runkeeper 应用，通过收取额外的费用，提供额外的个性化培训，并且提供个性化培训服务的能力依赖于数据。内斯特（Nest），一家基于网络的焊条保温筒◎制造公司，宣布他们已经与公用事业公司建立了合作，提供平衡电网中能源消耗的服务。[11] 平衡电网中能源消耗的能力，正是依赖于这两个公司的数据交换。第三，依赖广告收入的公司，通常使用数据来确定广告投放地点和目标客群，以及其他类型的营销。这是一种不局限于自我量化的广泛经营方式。一些公司通过分析数据集的整体模式来盈利。比如，遗传学测试公司 23andMe，

◎ 焊条保温筒：在施工现场供焊工携带的可储存少量焊条的一种保温容器。——译者注

通过将自身客户数据库权限开放给生物科技公司基因泰克（Genentech，全球制药巨头罗氏公司的子公司），而获得了一笔 6000 万美元的订单。[12]

在第 3 章，我们展示了实际上多少人从自我量化设备中获得了有价值信息。在这里，我们还必须承认，这些设备产生的数据是更广泛经济的一部分，数据只是在其中扮演了一个角色。各种各样从数据中盈利的方式，会在某方面对客户不利吗？一个交易是否公平，可能更多的是与特定的情况有关，而不单是一个公司是否赚了钱，或者是哪个政党认为公平。其中的细节很重要。

比如，一些公司认为自我量化数据是客户的财产，相反，另一些公司认为是公司的财产。"人群层面"的数据模式，即已经被公司分析、清洗过，无法轻易辨别个人信息的数据，可能相对于原始数据有着不一样的所有权归属。众所周知，服务文档的条款阅读起来很费解，通常被人们忽视，而且有时内容很宽泛，很少谈及公司实际如何处理用户数据。然而，一些公司另行提供了没有法律术语的版本，或者试图通过其他方式来传达如何使用客户数据。有些公司对数据非常严格，确保所有关于人们数据的活动都基于客户自身的选择，由客户选择是否执行，而也有公司的做法是，如果它们认为这个做法对人们几乎没有风险，则默认参与，让客户自行选择是否退出，因为如果让客户自行选择是否加入，会让一些增值服务难以售出。以上都是公司对待数据的不同做法，在成为某一特定公司的客户之前，这些都是值得研究的。

虽然不同的商业惯例之间存在着值得关注的差异，但法律学者弗兰克·帕斯奎尔（Frank Pasquale）认为，一般来说，经营数据的公司会逐渐变得比以往更不透明，而不是更透明。[13] "数据会如何被处理"缺乏透明度，使得人们即使有意愿加入，也很难做出有意义的选择。帕斯奎尔把这叫作"黑盒社会"，用以同时指代数字"黑匣子"——类似于飞机上的"黑匣子"，它提供了人们生命的越来越详细的数据；以及指代在工程意义上的"黑匣子"，即我们虽然不了解深层工作原理，但仍然在使用的系统。

黑盒社会最关注的领域是数据的二次使用。帕斯奎尔引用了一个案例，一对夫妇想使用信用卡来获取心理健康服务，结果却发现他们的信用评分因此受到了负面影响。他们因为获取心理健康服务的行为，被认为是信贷风险客户，而没有被单纯地看作寻求解决与风险不相关的问题的人。虽然不是所有的数据收集实例都导致了这样严重的情况，但帕斯奎尔的观点是，出现这种类型的问题的可能性是真实存在的。他认为，数据的创建，或者由私人公司处理数据，本质上不是一件坏事。事实上，在他的书中，基于他在法律和政治经济方面的专业知识，为改善这种情况提供了可能的补救措施。他不是唯一一个为这种情况寻找出路的人。2014 年，白宫召集了一群人组成"大数据和隐私工作组"（Big Data and Privacy Working Group），以确定在保留数据的实际和经济价值的基础上，解决广泛使用大数据引发的社会问题。[14] 从事机器学习（在大型数据集中发现模式的技术）的工程师也在询问如何设计算法以避免有害的偏见，以及如何在设计算法时对结果的潜在社会后果更加敏感。[15]

开拓自我量化市场

要想建立自我量化工具的市场，就需要定义所销售的产品，以及产品的使用方法。目前，自我量化工具已经出现在许多市场中。然而，技术行业仍在努力为已发布的设备寻找令人信服的使用方法。Rock Health 是一个以支持初创公司和参与数字健康投资为主业的公司，它的一份报告指出，多数量化设备缺乏明确的定义："市场的通用语言是，让消费者自行想象如何使用。"[16] 我们之前提到的理由——技术的新奇性、夸大的数据准确性、为了保持受众规模而需要的通俗性，当然，还有解决方案主义——都指出了自我量化工具市场上会出现这种通用语言的原因。

关键领域已经开始凝聚。其中一个市场领域涉及将自我量化工具设计为奢侈品，与高端珠宝和配饰一起售卖。时尚设计师托里·伯奇（Tory Burch）为 Fitbit 设计了一系列高端珠宝配饰；前博柏利（Burberry）公司 CEO 安吉拉·阿伦茨（Angela Ahrendts）加入苹果公司，帮助设计苹果手表；瑞士制表商泰格豪雅（Tag Heuer）与谷歌、英特尔合作参与智能手表项目；时尚公司瑞贝卡·明可弗（Rebecca Minkoff）已将智能设备加入了自己的配件生产线；活动追踪公司 Misfit 设计了一款产品，嵌入施华洛世奇（Swarovski）水晶中。另一个与设计制作运动量化设备有关的方向是，面向一群热爱在周末进行 10 公里跑或铁人三项或交叉健身（CrossFit）训练的斗士，他们希望提升自己的运动表现，这类设备可以由专业运动员帮助售卖。专业铁人三项选手蒂莫西·奥唐奈（Timothy O'Donnell）帮助推广佳明（Garmin）智能手表，宣称这种手表可以带给大家一种专业设备的感受。与此同时，职业运动队配备着来自 STAT Sport、Zephyr 和 Catapult Sports 的生物特征追踪器，而业余爱好者则在集体训练后能统计发布心率监测数据的健身工作室扎堆，比如 Orangetheory Fitness。[17]

自我量化工具的另一个市场领域，是作为医生和患者之间的沟通桥梁，如帮助传达治疗决定、加强老年人的独立性或促进形成健康的生活方式。法国医疗设备生产商威辛斯（Withings）建议，欧洲和美国的医生需要调试普通家庭使用的血压袖带，以使其更好地发挥作用。如果是这样，自我量化工具就正好能在医疗环境中派上用场了，因为医疗技术工业对此反应很慢，医疗设备制造商往往需要很长一段时间来增加功能。最后，职场监控方面正在显露一个潜在市场。雇主购买量化设备，用多种方式监测员工行为，有时用于了解员工工作进展，有时用于监测员工工作时间以外的活动，以期降低提供健康必需品的费用。高德纳公司的报告指出，世界范围内有 10 000 家公司为雇员提供健康量化器，并且自 2016 年起，许多规模超过 500 人的公司将会为员工提供健康量化器。[18] 这些新兴的领域，通过消费市场，揭示了它们认为的自己所能解决的问题。同时也限定了使用这些工具的用户群体和环境。

自我量化工具正在关键社会舞台的交叉点崭露头角——在健康和保健、工作和生活、平民化和奢华性之间。这些交集，迫使设备制造商更加谨慎地传达它们设定的设备操作指导。比如，健康量化设备和平台的医疗用途无法受到推崇或评论，因为生产商在以消费者的健康为市场。与

自我量化工具正在关键社会
舞台的交叉点崭露头角——
在健康和保健、工作和生活、
平民化和奢华性之间。

糖尿病做斗争的人们可能会使用 Jawbone UP 智能手环和它的数据平台、碳水化合物计量装置。但如果该公司公开鼓励使用该设备来管理糖尿病，就有可能与监管机构发生冲突。类似的，从某种意义上说，设备本身可以比专业的医疗保健服务和工具便宜，但奢侈品产品线和模式创造了这些新技术与年轻人、健康人、富人之间的联系，可能使它们在社会上更难获得。为了更清楚地阐述我们的想法，我们现在进一步看看其中的三种新兴市场——我们称为健康线、奢华线、工作线。

自我量化工具的健康线

健康主义活跃在美国及更大区域的消费者市场里。请看看全食超市（Whole Foods，美国有机商品超市）的货架，看看"健康"分别作为消费活动和身体状况反映的模糊界限，以及一些被称为"医疗保健"的东西。这里有一个巨大的灰色地带，由补品货架、流行食品、健康风潮和饮食选择组成，这些选择介于医疗推荐和传统愿望之间，使人们用消费来通往健康。在这个货架上，我们找到了关于"健康生活"的观点，这是一种基于对医学和准医学知识的通俗解读。在消费市场的背景下，"健康生活"与医疗保健的基本方式不同，但这并不妨碍公司利用目前流行的健康概念，故意模糊二者的区别。至于人们是否应该指望技术行业来解决健康问题，又是另外一个需要考虑的问题了。

自我量化工具是为本身就年轻、健康的人设计的。这就带来了问题，公司鼓励人们通过消费来通往"健康"，但却主动忽略了另外一些获利性不那么强的客户。活动追踪器的宣传材料，通过展示使用这些设备的年轻且健美的人，来传达使用之后的极其健康的身体状态。但让我们看一看，当企业在这种假设之外冒险时会发生什么。我们很快就会发现我们处于一个完全不同的市场中，比如"独立生活"市场，一个认为老年人只需要被监视的地方，在那里，其他的人类需要，像美感或好奇心这些，完全无从体现。

独立生活市场很活跃。根据一份 2014 年的报告，三分之二的老年人希望使用自我保健技术来独立管理自己的健康，并且其中 62% 的老年人乐意使用健康监测设备来记录生命体征。[19]Lively 是一种为老年人特别设计的产品，它集成了与健身市场相同的活动量化装置，这种装置将感应器布满整个家中，来协助记录老年人是否按时服用药物、出门频率、开冰箱的次数等，用以监测老年人是否有精神错乱或痛苦的征兆。在一些情况下，这些感应器可使老年人独立生活更长时间。然而，一些研究表明，许多人却宁愿不接受监控。不管独立生活产品的设计是否合理，在"健康线"中，那些不符合"理想的、能被提升的年轻身体"的模型，或"需要他人额外管理的身体"的模型就被搁置起来了。这个行业几乎没有关注过中间人群——伤者、残疾人、穷人或中年人——除非他们也同样按年轻人的标准来看待最理想的身体状态。

自我量化工具的奢华线

自我量化工具也处于奢华配饰和平民市场的交叉点。从苹果手表到设计过的袖带，许多自我量化消费设备试图将自身包装为奢侈品。它们在设计之初，就是为了帮助富人拥有更迷人的体型，炫耀技术人员的知识，以及作为身份的象征。这些市场运作的基础，在于排他性与足够大客户群体的平衡。奢侈品营销传达的理念是，自我量化工具是可选的，具有排他性的，也是一种向其他同样重视炫耀性消费的群体展示个人风格的手段。奢侈品同样可以产生对医学有利的潜在数据集。苹果健康套件项目承诺开发服从《健康保险可移植性和责任法》（HIPAA，the Health

Insurance Portability and Accountability Act）的应用，这是一项规范美国健康数据的法则，它允许设备将社会、健康、时尚三者结合。

在如何处理工业和社会差异比如阶层差异上，我们再次看到了一个建立在社会交叉点上的市场。富人可能会觉得，选择穿戴这个或那个消费产品是必要的——这是一种展现自己消费品位的机会。对于社会学家所说的"魅力劳动"，即在工作的同时，塑造和维持时下流行的身体状况，量化技术应如何去适应呢？的确，与之相关的研究工作对很多人来说，可能都是现实面临的问题。"大部分公众都是活动量化者……下载健康应用，量化睡眠习惯，记录营养状态和目标，然后将自己达成的成就发送到博客、脸书、推特上，表面上是在追求更优美的体型，实际上是在一直悄悄关注自己在社交影响力（Klout，一家衡量用户在某些社交网络上影响力指数的公司）上的得分。"[20] 仅仅读一下需要发送的社交网站列表，就已经让人精疲力竭了。时尚的奢侈品设备可能会进一步给身体带来难以企及的衡量标准——这是无法达到的标准，在历史上对女性的影响更为严重，但也可能会以新的方式影响男性。

和苹果手表一起售卖的"健康生活方式"只对有购买力的人有效。根据卡尔·赛德斯特伦（Carl Cederström）

和安德烈·斯派塞（André Spicer）的观点，显著健康，或他们所称的"健康综合征"（wellness syndrome），给那些无法承担保养身体的费用的人，或者其他不买健康设备的人，带来了曙光。他们认为，社会越来越多地把这群人看作一种意志薄弱的退化阶级，在社会体系中，人们也已经准备好把穷人看作懒惰的人。他们写道："我们只关注自己的健康，留给其他一类无法负担有机果汁、饮食应用、健康教练的人多少关心呢？"[21]大部分市面上已有的可穿戴设备，甚至那些不属于奢侈品范围的设备，都建立在使用者同时拥有智能手机和计算机的基础之上，但这对于老年人、穷人、生病的人来说，并不一定是必然的。40%的美国成年人反映他们有对可穿戴设备的购买需求。这表明可穿戴设备市场远远不止存在于奢侈品市场中，但奢侈品市场传递着何种设备是"为大众"准备的信号，造成了自我量化工具的阶级和身份认同差异。

一位作家指出，这种情况对许多人来说是一个难题：即使我们"并未彻底被健康综合征洗脑，也发现自己普遍被（它的）某些方面所诱惑……比如，想要在一件或多件事情上变得更好。"[22]想要知道做些不同的事情是否能让你更快乐是很正常的，没有谁是天生的势利者、精英或失败者。寻找最容易获得的工具完成这件事，不会让消费变得令人羞耻。然而，当健康成为所有阶级身份的代名词，并被用来区分奢侈品和大众市场时，我们必须承认这造成了社会包容问题。公司使用简短的文字来传达产品的功能，它们通常使用最容易让人接受、最能被大众理解的概念。从长远来看，以这种方式调动"健康"观念，最终并不适用于整个行业。这样的营销理念将许多人排除在外，鼓励人们放弃不符合文化政治的设计方向，但这种方向可能在其他方面有用，并且会被那些不喜欢这种健康形象的人拒绝。

自我量化工具的工作线

工厂也许是第一个大规模量化人们活动的地方，工人们进出的时间、管理的实践等，都以分钟为单位对细节进行量化，并据此做出调整，优化工人的生产力。公司已经通过可穿戴设备如腕带和发带，实时监控仓库工人的生产率，并通过 GPS 跟踪卡车和送货司机，以提高"物流"效率。[23] 通过生产力软件，办公室人员得到了高度跟踪的数据，用一个作家的话来说，他们可以"深入和微观管理单个员工或团队的工作"。[24]

现在，公司使用自我量化工具来在员工之中推广更健

康的生活方式，这在公司方面看来，是减少健康保险支出
或提高工人生产力的另一种方式。工业分析机构 ABI 研究
（ABI Research）预计，作为公司健康项目的一部分，将有
1300 万可穿戴活动追踪器被部署或补贴。[25] 美国心脏病协
会（American Heart Association）指出，公司在健康项目
上每花费 1 美元，都能使公司节约 3 美元，然而，《哈佛
商业评论》援引了另一些研究，勾勒了一个更广阔的经济
画像。[26]

至于其他方面，我们同样看到了在起作用的社会交叉
点。现代办公室工作的变化模糊了家庭和工作之间的界限，
不管在哪里，员工们都被要求对工作充满激情。通过工作
获得的可穿戴设备改变了非工作时间。它们让非工作时间
越来越多地用于创造充分休息的、强壮的身体，从而胜任
更多的工作，使人们更难以做另一些事情，比如照顾家庭
成员、参加公民或艺术活动。除了一些例外情况，公司通
常不会主动减少员工的工作量，用以腾出时间做更多锻炼
和用于睡眠。但如果每周需要工作 50、60 甚至 70 小时，
那就一定要给予员工别的东西了。一天只有 24 小时，弹性
工作时间也没法改变一天只有 24 小时的事实。员工们提出
的质疑：为什么公司的福利必须以照顾孩子、照顾老人和
其他同等重要的事情为代价。对于这样的质疑，我们不会

感到惊讶。

　　在这里，我们也看到阶层观念在起作用。仓库工人不会对被监测有意见，"他们"的跟踪数据实际上是公司管理的工业过程。办公室工作人员至少还可能有逃脱监测的方法，那就是老板并不看数据。数据的处理方式直接将我们带进了数据与医疗的交叉路口，因为雇主的量化动机之一就是降低医疗保险费。医疗保险公司是否有权限访问雇员数据取决于雇主，如果保险公司获得授权，还要分辨是在单个个体层面还是在整体雇员层面。不管数据去往何处，让数据创造出公认的高产和有价值的身体的责任，是真实存在的压力。一项针对员工活动量化的职场研究发现，公司的"步数挑战"在员工之间产生了分歧（有人参与有人不参与），即使是积极的参与者，在该活动结束时也会感到如释重负。另一项研究显示，在引入公司健康计划后，原本快乐的员工也同样会感受到害怕失去工作的焦虑。他们担心自己的就业能力，因为他们知道自己将会被衡量，并会被要求达到各种"健康"基准，而对他们来说这些基准可能无法达到。宾夕法尼亚大学的一项实验表明，当公司里的健康项目提供超过 500 美元经济激励时，它们反而没法帮助员工减肥。[27] 总体来说，雇主有投资员工身体健康的意愿是一件好事，但没有任何证据表明这确定是一件好

事，为了防止投资产生不良影响，公司谨慎地采取了某些
措施。

监管碎片化造成的影响

这些社会交叉点给哪些法规适用于何种情况造成了混
乱。由雇主资助的消费设备，可以属于或不属于劳动法律
的管辖范围。食品、保健品和医疗工具经常被作为"健康
生活方式"的一部分出售，但在某种程度上，药物的监管
确实起了一定作用。在美国，监管分散在不同机构和不同
规则中。比如，美国联邦贸易委员会（FTC）负责监管消
费产品的安全性，并且积极保证数据安全，尽管总有一些
公司会做出挑战性的举动。联邦通信委员会（FCC）同样
也发挥着重要作用，特别是在涉及通信公司的地方。食品
和药物管理局（FDA）决定了某个设备是否属于医疗设备。
健康与人类服务部（HHS）促成了关于健康数据隐私的《医
疗电子交换法案》（HIPAA）。这些规定定期在法庭上进行
测试，并可以在实践中改变。

那么隐私是如何被监管和实际操作的呢？与欧盟不同，
美国尚无综合的隐私法律，这意味着联邦政府为了尊重隐
私，选择了不制定关于隐私的总体规范。一些规范，比如

《美国残疾人法案》（Americans with Disabilities Act)、《不歧视遗传信息法》(Genetic Information Non-Discrimination Act)，以及完全自愿设立的《公平信息实践原则》（FIPPs，Fair Information Practice Principles）为公司在某些情况下保护隐私提供了导向。一些州为员工在工作之余从事合法活动的权利提供了保护，使员工免于失去工作的担忧，但雇主们可以很容易地规避这些法律，比如通过要求员工签订合同"同意"雇主监视其非工作活动，让员工同意如果与合同规定相悖，自己只能接受解雇。HIPAA 法案只适用于当数据涉及医疗系统时。因此，如果血压数据在医疗诊所被收集，则完全适用于 HIPAA 法案；但如果数据通过设备在家中被收集，则不适用于此法案。在哪个地方"更私密"是值得探讨的问题，如果设备需要与医疗实践相融合，那么生产商必然选择使其符合 HIPAA 法案。

因为数据是社会性的，它会变换地方，以多种方式聚合，这种零散的监管环境可能给企业带来问题。实际情况是，患有慢性疾病的人会转而使用现成的健康工具来帮助管理病情。糖尿病患者可能会使用一般的节食应用来帮助追踪碳水化合物的分解情况，以帮助校准胰岛素的摄入量，而且最好是让提供应用的公司支持这种做法，而不是忽略它。对于同样的工具，另一些人可能想要进行调整，以帮助发现自身的细微变化，然后经过修改，他们发现自己突然有了一个独特的"医疗设备"，他们可以合法地自行使用，但不与他人分享。其他人仍然会将健康数据放到社交媒体和病人论坛上，这无意中使论坛拥有者突然变成了医疗数据的持有者。量化设备公司一直在努力弄清如何让用户从工具中获得的利益最大化，既要保持数据的开放度，又不存在可能被监管机构限制的用途。现在已经有了 FDA 作为移动医疗设备的指导方针，也有了许多先例，相比之下，新出现的自我量化市场可以以此为参考。这些方针和做法提供了可能会违背法规的各种实践。当然，新技术想要走进市场时，新的问题将会一直产生。

这种监管碎片化带来的困难，是公司发布的产品信息如此空洞和缺乏重点的一个重要原因。他们通常会让消费者去做这些工作，来弄清楚哪些数据可能解决人们真正发现紧迫的问题，比如是什么触发了偏头痛，或者什么可以缓解疲劳。这是另一种形式的劳动，消费者只能通过自身没有任何报酬的努力，在网络论坛或志愿团体和组织中寻找答案。他们甚至可能需要付费给数据教练来进行分析。通常，公司会开发一个论坛，用于消费者讨论与产品有关的问题，但正是消费者在为寻求答案做出努力。在这样的论坛里，创造数据、思想、指引、价值的分享空间，要求谨慎平衡团体商业利益和社区驱动的价值观的关系，而这些价值观可能（也可能不）与科技公司所设定的品牌／产品在线社区不一致。

在我们看来，扩张市场的障碍在于，如何规范和标准化企业自身的业务流程，不规范的流程使得许多公司无法理解自我量化数据会对人们产生多大的影响。随着这些市场的成熟，普通的"健康"和"健美"将不再存在。数据产品比其他产品更有用的地方在于它的高度情境特异性。数据的广泛应用在日常生活中造成的乱象是不可忽视的因素，从长远来看，那些能够真正将这些乱象作为研究对象的公司会变得更好，即使在短期内，这些研究很难立竿见影地得出结论。

在下一章，我们将讨论自我量化工具如何与医疗结合。

自我量化与医疗实践

关于自我量化的一个重要希冀是它能提高人们的健康水平，这是医疗技术创新者的言论中很重要的一点。每天对症状、指标和结果的追踪一直是慢性病患者家庭护理工作的一部分。所有的新妈妈都被要求量化宝宝的"产出"（排泄）情况，作为婴儿喂养的指标。对于诊所来说，量化也并不新鲜。

药物引发的社会问题和消费者自我量化所引发的一样多。在这里，我们的数据同样可能会被用于自身。它可能会被其他组织利用，比如保险公司，通过激励、惩罚或奖励来管理我们的健康，对我们的日常活动施加严格控制。以这种方式来控制我们的健康，需要知道对一个种族来说，"正常"和"健康"的真正含义，然而，随着人们更广泛地量化自我，所了解的知识也在受到更广泛的挑战。然而，为了得到控制权和获取利润，强大的社会、文化和经济力量可能会促进数据的提供，特别是在有经济激励的情况下。

自我量化给临床护理系统带来了巨大的挑战。公共健康倡导者希望自我量化工具能帮助人们改变不健康的习惯。只有将工具和应用程序及现实的行为结合在一起，并且同时满足人们的不同量化目标，让人们有数据控制权，这种前景才会成为现实。不幸的是，这三个条件都尚未普及开来。一些人认为，自我量化可以降低医疗成本，因此能让医疗成本急剧上升的一些地区享受到医疗保健服务，如美国，或让大众无法获得医疗保健服务的地区享受到医疗保健服务，如大部分发展中国家。现在许多人都使用智能手机，通过技术创新，在智能手机上连接便携且廉价的设备，让人们无须去诊所也可以进行量化，这能降低成本，并且提高医疗保健的普及度，但如果公众不接受这种新形式，也无法得到推广。与此同时，医生们担心，新数据带来的未知，会给他们已超负荷的工作带来更沉重的负担。正是由于许多自我量化项目实际上从未讨论过与医生的关系，本章将重点阐述，当医疗服务提供者遇到自我量化工具和实践时，会发生什么；以及讨论拥有改变个人数据使用方法的政策和经济力量：或使自我量化工具成为提升个人健康的工具，或成为歧视的来源。

通过自我量化来监控和提升健康，已经成为普遍的做法。皮尤研究中心（Pew Research Center）的一份《网络和美国生活项目》（Internet & American Life Project）报告指出，2013 年，69% 的美国人为自己或爱人记录某种健康数据——其中 47% 是"在脑海中"记录，其他人或是使用纸和笔记录（33%），或是使用数码设备记录（20%）。[1] 患有严重慢性疾病的人更有可能量化，并且更可能使用医疗设备进行量化。患有 2 种或 2 种以上慢性病的美国人中，62% 保持量化，这表明，患有慢性病的人群，已经在使用自我量化数据与医护人员进行沟通。大多数自我量化者反映，量化行为指引他们改变了管理健康的方式，带来了与医生沟通的新思想，并协助做出了与以往不同的决定。在美国，仍有半数健康量化者"仅仅只是偶尔"更新自己的量化信息，并且不与人分享。当然，也有与人分享的情况，他们中的 52% 与医生或医疗保健人员分享数据。[2] 我们关注的重点，不是自我量化工具是否会在医疗场景中使用，而是如何以及在何种情境下使用。在家中自行记录血压读数并与医生就此进行对话所代表的含义，与和医生讨论在医院用电子设备进行测试的结果截然不同。这一数据对健康至关重要，无论量化的动力来自医疗提供者、技术制造商、DIY 爱好者还是自己。自我量化和 DIY 爱好者可以在正式的医疗系统空白的地方介入，然而一旦自我量化遇到了临床实践，额外的社会力量就会影响数据处理的方式。

增强患者的疾病管理能力

"夜童计划"（Nightscout project）或许可以作为通过自我量化来增强患者能力的一个例子。该计划由 1 型糖尿病儿童患者的父母发起，"夜童"是一个开源的、支持 DIY 的连续血糖监测仪，它将监测数据显示在智能手表或智能手机上。很多情况都能促使人们这么做：通过夜童计划，父母可以在孩子睡觉时监测孩子的血糖水平；成年人可以通过这个计划减少社交活动的中断，他们不再需要持续查看自己的血糖监测器（其他人可能认为这是"寻呼机"），并且做双手活动时，不用腾出手来查看"寻呼机"。夜童设备的灵活性，意味着某人在开车时可以通过智能手表观察血糖，而不再需要看手机。在管理疾病的过程中，改变数据的呈现方式，为病人及家庭带来了极大的帮助。

夜童计划囊括了自我量化与医疗结合时会发生的许多问题，它展示了设备使用者、病人和病人家属所能带来的创新。它还显示了临床和非临床数据之间的区别所引起的一些问题。举例说来，夜童计划改变的是数据展示的方式——从单一的仅仅将其显示出来，改变为用使人更易查看的方式显示。它并不会重新处理数据，或进行治疗推荐，但美国食品药品管理局（FDA）声明，对以不同格式显示的医疗数据持保留态度。监管机构希望确保，在转换过程中数据材料不丢失，保持安全可靠。然而，夜童设备的设计者、参与者，通过推特发起了"＃我们不会等待"活动。他们表示自己既不会等待监管批准，也不会等待设备制作者应监管要求重新设计方案。正如他们所说，＃我们不会等待"他人来决定我们对自身产生的数据是否有权处理，何时以及如何处理"。[3]虽然他们无法改变市面上现有的技术，但是这个项目教会了父母和病人如何在自己的设备上配置这个开源软件，以使其发挥作用。

关于增强病人能力的方式，夜童计划使用的是 DIY 的尝试，也有其他不同想法。一些公司正在寻求被动监测，以应对药物依从性的挑战，与此同时，制药行业对帮助确保人们继续服用（并购买）药物的工具非常感兴趣。他们声称，在家服用药物，而不必去医生的办公室或由另一医疗服务提供者监督，可以增强患者的能力。虽然这一说法有严重的社会影响，它显示了信息技术如何模糊诊所和家庭护理之间的界限，对此我们将在这一章讨论。智能手机和其他设备改变了健康护理发生的场所。

自我量化数据也可能改变医疗机构内部的权力关系。健康服务和疾病管理中的数据的出现，使病人、医生、医学研究人员需要重新协商定义自己的角色。卫生保健专业人员仍然必须弄清楚如何评估病人的自我量化数据，以供医疗决定，而且几乎没有什么协议支持医生根据病人自我量化的数据做出诊断决定。一些医生担心，如果自我量化数据能协助发现漏诊的蛛丝马迹，那么储存病人的自我量化数据就可能让医生面临责任风险。医疗服务提供者可能不会将更多或经过不同处理的数据视为他们诊所的主要对手，即使目前的技术行业称，数据是解决大多数社会问题的方法，包括医学问题。生物医学化的进程也意味着，在人们希望减肥、睡得更好和管理慢性疾病等方面，要想吸引人们的注意力，医生必须与应用程序商店和出售量化设备的购物中心竞争，尽管人们普遍认为医学的重要性在于找出症状的起因。生物医学化模糊了病人和消费者之间的界限，模糊了自我保健和医嘱之间的界限。

对一些健康技术创新者来说，把数据放在人们手里是一种授权，可以改变医疗体系，并能让人们更健康。比如，医疗风险投资家维诺德·科斯拉（Vinod Khosla）说，基于数据的健康创新的目的应该是"让消费者成为自身健康的老板"。[5] 类似的方面体现在 Scanadu Scout（一种通过扫描前额来衡量重要信息的体征扫描设备）的营销语言中："最后，我们的身体信息不会被锁在医院的墙上""你的身体信息存在于正确的地方——你自己手中"。[6] 解决健康问题的方式向自我量化数据转移，这并不局限于私营公司。苏格兰政府已经试行了一个名为"金斯堡"（Ginsberg）的心理健康自我量化平台，以支持人们对自身心理健康状况的反思。平台将一个智能的日记接口连接到消费设备上，以帮助人们弄清楚什么样的环境会产生失望的情绪，这样他们就能据此做出改变。

让数据掌握在人们自己手上，潜在地为帮助人们自行解决自身问题创造了方法，这个过程无须医疗机构介入，这是医疗健康组织提倡这个理念的一个好理由。然而，数据自身无法创造管理健康的方式。虽然在没有足够信息的情况下，人们不能指望数据能参与医疗决策或改变习惯，但似乎有一种信念：改变可以来自信息本身。比起含糊地鼓励参与"健康生活方式"，在医疗市场上提供的信息可能更重要，但如果没有支持、指导或建议的话，它仍然只是信息。仅仅依靠数据可能无法在长期存在的种族、性别和阶级之间产生力量，这些都是形成医疗不平等的因素。即使已经使用了数据，在公平对待病人方面，那些有着不一样肤色的病人，面临的境遇可能依然很糟糕。

人们需要拥有和医生一样的信息访问权限的倡议（比如心率、血压、血氧饱和度）被加载在医学自我量化设备上。这类家庭工具，可以给人们提供医生上门服务无法提供的内容。当发生某些情况时，它们能在当时的情景中进行监测，而不是像以往一样，在几天后预约到医生时才可咨询医生。这造成了关于医学专家这一角色的讨论。其中隐含的意思是医学数据并不总是需要医学专家来解释。长久以来，一些类型的数据一直由非专家进行解释。比如，患有糖尿病的人群学习理解自己的血糖水平。通过其他数据，比如血氧饱和度，还有许多广泛分享的解释。随着患者使用自己数据的权利增加，谁将对数据所提出的解释和后续行动承担法律和道德责任，变得越来越不明朗。

量化可以连接家庭和诊所

在管理健康方面，多数人花费时间在日常生活中管理，而不是在医生的办公室进行咨询。新工具提供了桥梁，将人们日常生活中收集的信息同向医生咨询结合到一起。对于慢性病管理，长久以来在家进行量化都是必不可少的。与为消费市场而设计的工具不同，对于为连接家庭和诊所而设计的工具来说，信息与医学标准、诊所规定的关系需要被考虑进去并且需要为此进行设计，自我量化信息的有效性已被证实，数据也像健康记录一样，用同样的标准被保护起来。有几个应用和工具已经开始在诊所内使用，用于量化精神健康水平或慢性病病症。例如，WellDoc 为糖尿病教育和管理提供"病人指导"系统，可以在 FDA 批准的范围内开处方，帮助患者了解在任何特定时间需要服用多少胰岛素。[7] 自我量化工具和实践也能为医生提供信息，帮助医生诊断仅通过在诊所内测量无法明显发现的症状。比如，Ginger.io 利用从智能手机中收集的数据，来评估患有严重抑郁症和精神分裂症等病人的变化。他们的网站上指出传感器数据可能会是"更好地与身体沟通的方式"，是能"帮助你了解身体想传达的声音"的工具，并且是"你和你的健康团队聆听身体声音的方式"。然而，使用这类数据的医学标准正在制定过程中。技术所能做到的事，和医生如何处理之间，存在着不完美的对应关系。

其中一种连接家庭和诊所的方法是，医生给病人开传感器和量化设备，或者医疗保险公司为设备使用提供支持。一项调查发现，57%的成年人说，如果保险公司有激励措施，他们会更有可能使用"活动量化设备"。[8]对于这类自我量化工具的设计者和制造商来说，一个挑战是在设计时如何兼顾消费市场和医疗市场。有公司在做这件事。例如法国设备制造商威辛斯，致力于研究家用医疗设备和日常消费设备之间的界限。这家公司同时拥有欧盟和美国的监管许可，他们的产品能够作为家用医疗设备出售，比如血压带产品。根据公司的研究，使用威辛斯血压带的超过60岁的美国人中，42%会将数据与医疗团队分享。[9]与之类似，皮尤研究中心网络和美国生活项目报告指出，有医疗团队协助管理健康状况的人，更可能自我量化。那份研究发现，患有慢性病的人与普通人相比，并不会有更多的量化日常饮食、体重或锻炼情况的举动。然而患有不止一种慢性病的人，在健康指标或症状方面，进行量化的可能性显著提高。这表明，管理慢性疾病的人，把自我量化视为持续治疗的一部分。无论医疗保健团队是否认真对待这些数据，并将其纳入患者的医疗记录，更多的公司在这一交界处看到了机会。

随着患者使用自己数据的权利增加，谁将对数据所提出的解释和后续行动承担法律和道德责任，变得越来越不明朗。

　　这就产生了问题：在技术进步到将自我量化和传感器数据整合到病例中，并用于诊断和监测健康之前，需要先考虑什么。美国《平价医疗法案》(Affordable Care Act) 包含激励措施，鼓励更多的数据驱动的医疗方式，但仍有问题需要解决，即由谁来阅读和分析数据，并获得报酬？数据处理的场所在哪里？数据将带来什么临床价值？仅仅用于简单告知的数据很可能会减少，或被医生们视为工作负担。

　　然而，数据可以被设计用于其他事情。正如吉娜的研究展示的，自我量化数据也能给患者和医疗人员创造交流机会，让双方都有机会互相交流价值观和验证个人信仰，强化良好的实践和行为，以及调整治疗方案的目标。技术本身并不能做到这些事，但是通过交流，改变医疗决定（"我需要为此去看医生吗"）、与医疗人员建立联系（"我们能聊一聊我的数据吗"）以及为自我量化实验带来新可能（"让我们看看是不是这个原因"）的机会一直存在着。安东尼 L. 班克（Anthony L. Back）博士（吉娜的一名合作者，致力于研究病人、医生交流的肿瘤学家）指出，医生的新角色可能会变成询问病人想如何处理自己的数据。正如他所说，如果病人产生、治疗和分析他们自身的数据，医生的一项工作可能是研究"关于人们从数据中构建知识体系

的不同方式的理解……作为医生，对我来说问题是，我该
如何对这些理解做出贡献？"[11] 事实上，随着人们广泛量化
并收集健康保健数据，最终会出现新的工作类别，为人们
量化提供支持和相关资源。这样的工作可能不是由医学博
士、个人数据教练、培训师来完成，而是由具有临床保健
专业知识的人来完成。当然，这种交流机会可能会因为时
间限制而减弱，而且在种族、性别或阶级不平等因素的情
况下，它们可能无法都以同样的方式发挥作用。

数据驱动的健康创新和发现

截至目前，我们已经讨论了自我量化数据如何支持不
同类型的医疗活动。通过更多个体的实验和数据，自我量
化数据也可以改变生命科学在人口层面的研究。一项名为
"数字疾病检测"的努力，就是利用智能手机和计算机的
量化数据来改善流行病学。自我量化应用和传感器拥有给
研究者带来新思想的潜力，通过大量被动和连续的数据收
集，潜在地产生大量比自我报告型的研究或医学实验更优
质的数据。自我量化人数的增加，使得更大规模的研究成
为可能。比如，苹果的研究套件（Apple's ResearchKit，一
个为医学研究捐献数据的平台），与一系列研究帕金森病、

哮喘、糖尿病、心脏病的软件一同发表。在推出的前 24 小时，心脏病研究就迎来了 10 000 名志愿者，这个数字是之前一年 50 个医疗中心所能招募的人数总和。人们希望大规模的数据收集和分析能够带来新的发现，以及促成对个人更友好的设计。

在 QS 社区和许多患者领导的团体中，有一种信念，即医疗保健的数据驱动研究不仅由专业研究人员和科学家完成，还应由普通人使用自己的实验数据来完成。像"Cure Together"这样的组织，创建了一个"源于大众"的疾病知识模型，这种模型是一种 DIY 研究方式，它允许患有慢性疾病的人分享他们的经历，并在整个群体的数据中寻找模式。这些方法表明，临床数据不再仅仅属于医生和诊所。问题在于，虽然公民科学家自己解释自身的数据，但专业研究人员是否会相信他们有这样的能力，是否会认为他们的结论足够可信，还须进一步测试。传统的弱势社区，或者与医疗机构有争议的社区可能难以获得信任。

无论如何，目前有可靠组织支持公民科学。比如赞助了关于伦理、法律和社会问题讲习班的美国国家卫生研究院（National Institutes of Health，NIH）。[12] 国家癌症研究所（National Cancer Institute）的珍妮佛·库奇（Jennifer

Couch），代表 NIH 公民科学工作组表示，公民科学方法
"或许有潜力做到用其他方式做不到的事"。她的观点是，
即使公民科学家的研究成果永远无法取代双盲临床试验，
公民科学实验和数据仍然可以从科学评估和严谨中获益。
NIH 有兴趣支持公民科学的部分原因是，想要促进科学方
法和工具更广泛地传播，以使公众积极参与科学研究。库
奇表示，人们目前"往往被激励收集和分享健康数据"，那
么在此之前科学团体就应该找出使用数据的方法，并且保
证数据合法、符合伦理、社会化。正如她给出的解释："在
任何地方，我们都能看到大众的创造力和能力，以及公众
对创新的独特见解，我们有理由相信，公民科学方法对生
物医学研究会有用处。" [13]

　　将自我量化实验的见解整合到科学社区中，是自我量
化可能对科学带来改变的一种方式。虽然为了做到这一点，
这些实验和研究成果需要横跨许多不同种类的社区及克服
许多交流障碍。伊丽莎白·耶姆皮（Elizabeth Yeampierre）
是日落公园地区的布鲁克林组织（Brooklyn's UPROSE）
的一位环境和健康公平倡导者，她表示，和非专业科学家
组成的团体一起工作，意味着需要习惯团体本身的交流方
式。她的团队与研究人员和科学家合作，将数据收集和分
析工具给到社区成员，并建立社区成员和专家的联系。要

做到这一点，就涉及教科学家处理一些情况，比如当面对不同的信息呈现方式时，科学家如何与社区沟通，以及教科学家如何学习和尊重社区本身知识。[14]

另一个例子是辛辛那提儿童慢性护理网络（Cincinnati Children's Chronic Care Network），或被称作 C3N，它建立了一个数据生态系统，旨在为（儿科）个人患者、所在家庭、医生及研究人员提供有意义、有价值、有用的数据。他们利用社交媒体为患儿创造社会支持，同时对与患儿互动所得的数据展开研究。C3N 把数据视为建立社区来帮助有慢性病的孩子改善病症的机会。他们在自己的网站上展示了一句话，引用自哈佛社交媒体理论家约凯·本克勒（Yochai Benkler）关于这一点的想法："一旦你将这种可能性释放出来，即人们不仅使用网络作为平台来生产自己的内容，也同时分享各自的努力、知识和资源……所能创造的可能性是惊人的。"[15]C3N 的研究表明，即使在正规的医疗环境中，多中取一（n-of-1）数据也可以以不同的方式发挥作用，如果它最开始就是为正式医疗环境设计的。C3N 正在为每个社区的不同数据需求进行设计，因为，用他们的话说，目前的临床数据"并没有考虑到那些遭受过多病痛的人。并没有考虑到患儿的父母，他们无法加入护理团队。并没有考虑医生的负荷，临床数据做出的指导是基于最简单的临床试验。而且，并没有考虑到那些想要做出成果但需要获得数据的研究人员。"

埃里克·托波尔（Eric Topol）在《创造性毁灭医学》（*Creative Destruction of Medicine*）中使用了"从多中取一，到数十亿中取多"的短语来描述这种扩大个人层面数据的过程。在托波尔看来，新类型的数据将会在"医学的新时代"中涌现出来，在这个新时代，每个个体都可以在个人层面上被完全定义，而不是宽泛地在人口层面上研究医学。"他所说的"完全定义"指的是，根据数据来对单个个体进行画像的能力，将会达到前所未有的新高度。托波尔对使用这个丰富的画像，与在人口水平上的医疗知识进行比较，以使医学治疗个性化很有兴趣。个体可能会对不同的治疗方式产生不同反应，托波尔认为如果我们既了解个体（"多中之一"），又了解个体的结合（"数十亿中之多"），我们就能够更多地用特定治疗方式来对待特定个体。托波尔所使用的语言假定（即数据），丰富到能"完全定义"一个人，正是许多自我量化批评者批评的关键点，批评者认为人们永远无法"完全定义"定量数据。对这些新的数据来源不那么热衷的医学研究人员指出，数据量越大，问题之间的虚假关联，或变量之间的偶然关系，越会产生严重的后果。他们争论道，如果你要在干草堆中找一根针，那么为什么要增加干草堆的规模呢？

当前，随着数据被使用到各种增强患者能力、连接家庭和诊所，以及创造新发现的情形中，这些实践同时也带来了社会不确定性和争论。虽然我们认为，对于这样一个新兴的、活跃的领域，会有许多其他类似问题陆续出现，但在这里我们只阐述 4 个相关问题。

数据医学属性的深层探究

对于临床数据，大量的规章、规范和专业标准会影响可被用于医疗的数据范围，以及数据的使用方式。许多用于商业的数字健康应用程序的有效性并未经过测试，并且公司几乎没有对其临床环境中的作用进行过研究。这两个局限性，都让许多医生对自我量化数据的临床效用持怀疑态度。和我们谈话的一名活跃在 QS 社区的医生，是这样看待这个挑战的："量化不一定真的能给你有用的信息……从你量化的事物中获得的结果，可能实际上没有任何生物或医学意义（有时，它会变成这样）。"对医生来说"意义"基于生物学或医学有效性，虽然病人的数据中还会存在其他有用的信息。在医学界，对小样木中抽取的个别数据（n-of-1）的怀疑并不普遍，但医生和研究人员用特殊方式研究数据。他们研究测试或实验是否有研究人员所说的"表面效度",意思是数据在当前生物医学理解的背景下有意义,这些测量方式获得了想要的结果。医生习惯于为个别病人定制剂量和选择,并对个性化治疗计划的试错过程表示理解。但正如 QS 成员和医生所说,自我量化将量化建立在已有的医学科学基础之上。医生同时也关心数据是否反映或者涉及规章或法案。他们不太可能反对任何对健康有好处的行为,但对那些与他们目前所采取的治疗模式没有直接关系的数据保持警惕。正由于自我量化数据是一种新兴的与以往不同类型的数据,目前还没有办法将其简单地整合到成熟的临床实践中。

让更多拥有数据的人参与进来,可能会对这个问题造成挑战,或者迫使医生以不同的方式重新看待数据。托波尔这样的倡导者认为,在双盲、随机、可控的临床试验之外,扩大对好的、医学上具有可操作性的数据的定义,是有价值的,但这种扩张的前提是,要先进行关于数据有效性和专业界限的讨论。倡导将自我量化数据用于临床医疗中的人,希望新的数据类型能带来新的研究方法、改进个性化医疗。批评者则质疑,人们收集的数据是否有效,是否与其他病人所报告的结果大相径庭。数据的作用可能是为临床决策提供参考,它不一定是最重要的,但可以为在人口层面上很难分析和比较的因素提供帮助。新种类的临床数据的产生，要求监管机构考虑并清楚定义健康数据和医疗数据之间的区别。在一些情况下，智能手机的功能就类似于医疗设备，手机上的应用程序可以提供医疗建议，美国食品药品管理局（FDA）将其称为"移动医疗应用"，并进行监管。美国食品药品管理局的移动医疗应用程序的例子，说明了移动设备最终能对医疗追踪产生多大的影响：ECG、EKG、听诊器、音频测量仪、震颤传感器、血氧含量和葡萄糖监测仪。该机构表示，它将对量化健康或症状应用和工具"行使执法自由裁量权"。换句话说，FDA 尽量免除了大多数普通健康工具和应用程序的审批程序。监管健康和豁免健康数据审批之间的监管界限，在很大程度上取决于数据的预期用途。一款旨在帮助病人和医生做出治疗决定的应用将受到监管，而鼓励"健康生活方式"的则不会。一个用来测量徒步旅行心率的应用程序可能不受监管，但一些人可能会使用这些数据来监测医疗状况。FDA 将徒步旅行心率应用作为一个不进行监管的例子；然而，如果将同样的技术推广到病人身上，就变成了受监管的移动医疗应用程序，需要经过严格的审批程序。一些公司实际上已经触发了 FDA 的行动。生物传感技术公司（Biosense Technologies）的 uChek 应用，是最早从美国市场撤出的苹果手机应用之一，它的撤出就是回应 FDA 行动的表现。uChek 在印度开发出来，主要利用苹果手机的功能来自动阅读尿液分析测试条。这种设备可以快速、自动地读取测试结果，以往这通常只能在诊所和实验室做到。不同于其他昂贵的设备，uChek 设备的小型化和相对可接受的使用价格，使人们成为"行走的实验室"，这在帮助向印度农村的偏远地区提供护理方面尤为重要。米什金·英加瓦尔（Myshkin Ingawale）是生物传感技术公司的创立者，它参与了 TED 演讲，并在许多著名的媒体如《卫报》（*The Guardian*）和《大众科学》（*Popular Science*）杂志上有过特辑。在 TED 演讲中，英加瓦尔拿着一个装满尿液的水壶展示了这款应用——uChek 很亲民，并不神秘。

英加瓦尔公开表示，他的使命是"促进医疗保健民主化"，为昂贵的实验室设备创造替代方案，尤其是在发展中国家和新兴经济体国家。不同于从头开始构建医疗设备或实验室设备，英加瓦尔和他的公司利用智能手机的功能，以及商业上可用的工具。用他的话来说，"建造一个拥有高质量的想象、数据处理、通信和接口能力的先进电子设备，最好的方法是什么？答：买个手机。"[18]

不同国家的监管制度要求不同，对于那些希望在多个市场上销售技术的人来说，这是一个挑战。苹果公司批准

uChek 在美国 iTunes 商店售卖。然而，在一封 2013 年 3 月的信件上，监管机构注意到，生物传感技术公司在不经过审批程序的情况下，营销一些被 FDA 视作应受监管的东西。这是 FDA 在移动手机应用上行使监管权力的第一个例子。[19]

在这一领域工作，涉及监管的方面，不同公司有不同做法。Inside Tracker 是一个根据临床血液测试结果，显示营养和生活方式建议的仪表盘，公司声明，否认任何结论的医疗用途。AlivCore 公司创造了一个附在苹果手机上的心电图监测器。在等待 FDA 批准的过程中，它开始在动物身上测试，并推广给兽医使用，目前它已经通过批准并直接推广给消费者。2015 年消费者电子产品展的参展公司 Scanaflo，在寻求 FDA 批准一种能检测尿液中数个指标的设备，和生物传感技术公司的 uChek 类似。使用受监管的设备，可以让医生和消费者对数据的解释建立在共同的基础之上。然而，开发关于紧急数据及其用途的管理条例，是一个正在进行的、时有争议的过程。

FDA 的移动医疗应用指南的明确性，帮助公司和非营利组织弄清楚为了将产品推向市场，它们需要做到什么标准。有时，较不成熟的创业公司需要更多的资源，来帮助它们探索或建立临床疗效。比如生物传感技术公司，它正在孟加拉国的一个项目上与制药巨头默克公司合作，测试用 uChek 检测孕妇的惊厥。它们还发起了众筹，以帮助它们支付 FDA 审批所需的费用。

在当前制造医疗设备的各种组织内，正出现一些关于如何确保公共安全的讨论。初创公司和患者自发的运动，比如夜童计划，没有足够的资金来轻松支付与监管流程相关的成本。患者组织和使用者团体可能需要新的工作方式来保证程序的安全性，或者是一种考虑到已有做法的管理方法，就像是在改进一个已有的开源项目。夜童计划批准过程的文件表明，FDA 正在设法确保开源项目能够保持技术安全，而不强制要求他们放弃开源方法来确保技术安全。像这样的患者团体更适合作为样本，来设计和改进应用的需求，它们或许有一些关于风险和安全的有价值的经验。研究表明，在其他行业中，政府或团体的在职者有时会以确保安全的名义，将规模较小的竞争者剔除，从而影响监管过程。在健康技术创新方面，我们没有这种情况的证据，但在公开辩论"什么是安全实践"方面，这是一个众所周知的现象。也有可能，拥有更多资源的市场参与者可以更容易地提供某些类型的安全机制。当界定什么是"临床"变化时，在安全性和医疗行动能力方面出现了新的争议。

数据对遵从性的影响

医学、药物研究和临床社区都指望着自我量化能带来新的符合治疗流程的手段。"遵从性"是医学领域内的一个艺术术语，但在社会学和人类学研究中却代表着一个问题。在寻找有效的治疗方法过程中，遵从性强调医学专业知识，而非日常实践。它预先假定：问题的解决方法在个人控制范围之内；不考虑治疗成功或失败的根本原因可能是社会机制或因素。因此，当有资格的专家基于不符合人们生活方式的建议进行思考时，人们往往会对此感到不满。

医生可能希望病人遵循公共卫生指导方针——例如，坚持药物治疗计划，以免导致耐药性，或为了社区安全，制定疫苗接种时间表。他们可能想要病人遵守规定，因为最严重的病人和最可怜的病人所患的病症，往往都是可以通过更多的锻炼、更好的营养和更少的吸烟所避免的病症。这就是为什么医生想要人们按照规定的方式做事的例子。

当数据被设计为增加遵从性时，社会、政治和经济不平等带来的基本矛盾，可能会变得更加明显。数据本身或许不足以强制推动遵从性或行为改变。这样的自我量化数据可能会丢失社会复杂性。例如，对于一部分人，养成有助于预防疾病的行为会更困难。对于那些无力支付买药费用的人来说，遵守用药规则更加困难。一些因素（比如在某些领域的高卡路里、低营养食品的优势）可能比单一的行为改变应用程序更能解决问题。并不是所有"遵从"的要求都和已经描述的原因一样是良性的，认为病人"不遵从"可能会使忽视病人的专家合法化，即他们将治疗或协议不可行的原因，归结于病人的生活和社会环境不符合。

数据可能对这些讨论带来改变，也可能不会。它可能成为临床医生恫吓病人的一种新方法，但它也可以为临床医生创造新的方法，来认清病人的现实生活状态。例如，唐恩·利曼娜（Dawn Lemanne）是一名肿瘤学家，同时也是个体代谢研究小组（Individual Metabolic Research Group，iMeRG）的组织者，这是一个由发展和合作研究医学项目的专家组成的团体。她知道，饮食和胰岛素抵抗[⊖]在乳腺癌的康复过程中起着至关重要的作用，但她的一个乳腺癌患者却没有定期检测葡萄糖，她想知道为什么。她思索病人的情况："这是你的生命，你为什么不监测葡萄糖呢？"[20] 她开始测试自己，量化她成功地遵守自己"处方"的频率。在这样做的过程中，她发现，在面对生活的现实

⊖　胰岛素抵抗是指由于各种原因使胰岛素促进葡萄糖摄取和利用的效率下降，机体代偿性分泌过多胰岛素产生高胰岛素血症，以维持血糖的稳定。——译者注

时，持续不断地测试是多么困难。她的服从比率甚至不如病人。因此，利曼娜与病人就符合性问题有了更现实更细节上的讨论，并更好地理解了病人为什么做出这样的决定。

许多卫生技术创新建立在一个概念上，即简化人们生活的复杂程度。这样的公司，希望技术能为成本、符合性和合规问题提供简单的解决方案。正如一个研究团队所说，"自我监控设备和移动健康应用程序的大部分产出，包括它们产生的数据，都无法吸引人。"[21] 遵从性可以从设计之初就打上"吸引人"的标签吗？比如设计一种游戏，对人们服用药物进行激励。或者是当行为改变面临强大的社会阻力时，会忽略"吸引人的设计"的重要性吗？一个人是否相信遵从性能被工具的设计机制解决，取决于人们如何假设社会和个人力量的工作方式。

医疗应用程序是否面向了错误受众

在第 4 章我们看到，在自我量化工具的消费市场，比起普通大众，生产商通常关注相对年轻、健康、技术水平更高的人。这也影响了市场的医疗方面。皮尤研究中心的一项研究发现，虽然事实上非洲裔美国人更有可能量化自我，但智能手机健康应用的用户更可能具有的特征是：年轻、女性、拥有比普通人群高的受教育程度。[22] 正如 J.
C. 赫兹（J. C. Herz）在《连线》杂志上所写的："最能从
这项技术中获益的人，老年人、慢性病患者、穷人，都
被忽视了。"流行文化评论家安妮·海伦·彼得森（Anne
Helen Peterson）呼吁，自我量化应从硅谷精英阶层转向中
产阶级、中产阶级的母亲，但是即使这样，也没有包括最
贫穷或身体最差的人群。[24]

尽管这个市场倾向于面向健康和富有的人，但情况可
能更加复杂。生物传感技术公司开始设计 uChek 时，对客
户的假设是有限的医疗实验室访问权和极少的财富。我们
应该进行一些这样的公共讨论：医疗保健访问权真正意味
着什么；以及如何让智能手机上的医疗应用适应目前看病
难的社会环境。这些工具可能比临床护理便宜，而且对最
需要它们的人群来说，应该做到更便宜。然而，在一个能
够为富人提供简明医疗服务的系统中，把注意力集中在服
务于穷人的技术工具上，可能会让人们认为，这是一种阻
止人们获得完整的医疗服务的做法。

数据能否减少支出

在健康保险行业，人们普遍相信的"数据会导致个人

改变"的想法流行起来。以盈利为目的的健康保险公司哈门那正在与一家名为"活动交流"（Activity Exchange）的初创公司合作，该公司基于自我量化数据，设计相关工具，使人们与健康保险公司的人进行"有意义的、聪明的、个性化的互动"。[25] 正如哈门那的首席执行官布鲁斯·布鲁萨德（Bruce Broussard）所说："当人们了解自己的数字时，他们往往能做出更有效的决策……帮助他们采取这些步骤是最重要的。"[26] 保险公司如信诺（Cigna）已经开始了一些项目，使用诸如 Fitbit、Bodymedia 和 Jawbone Up 等消费者喜欢的量化工具，以鼓励人们更加积极地记录自己的数据。信诺的一位发言人说，这可能会"降低成本曲线"。[27] 传感器也可以在改变老年护理的成本中发挥作用。其中一项估计是，为一名老年人的家中安装传感器的费用为 2500 美元，相比之下，护理设施的年平均成本超过 81 000 美元。然而，老年人经常会破坏感应系统，通过故意破坏或使用其他黑客传感器来造成破坏，使自己能做真正想要做的事。[29]

我们已经看到了一些例子，说明降低成本的能力可能并不像数据所显示的那样直截了当，但如果在设计、行为改变模型与混杂的社会因素方面投入精力和关注，可能会使降低成本变得可行。数据在一个复杂的医疗市场中扮演的角色——在这个市场里，执行者们有时会有相互矛盾的激励，有时符合有时也不符合公众利益——应该得到公众的高度关注。如果更多地使用传感器确实节省了成本，那么公众就应该问，到底多少节省下来的成本被返还给了他们。同样，就消费者市场来说，公司的做法也各有差异，但像弗兰克·帕斯奎尔这样的批评者认为透明度会带来改变。人们如何知道自我量化是用来改善总体人口健康，还是他们的数据会反过来被用于对自己不利的地方？如果拥有选择退出的权利意味着更高额的保险费，那么在实践中，会不会只有富人才拥有选择退出的资格？

　　我们已经看到了如何将自我量化数据集成到医学中的例子，以及这带来了何种新问题和社会争论的新领域。在医学的某些领域，实践正变得越来越具有参与性，而在另一些领域，等级制度正在重新确立自己的地位。数据访问、控制、隐私和安全等在医学实践中产生的作用，不亚于在其他自我量化领域中的作用。在下一章，也是最后一章中，我们将讨论自我量化各个领域中存在共同争议的问题。

展望自我量化

我们已经指出了自我量化方面的一些社会动态。在那里，我们看到了监控和控制，混合着授权和趣味性的画面。自我量化的未来并不是固定不变的。有一些关键领域的关于自我量化的辩论，跨越了丰富的社会世界，如技术用户与生产者、医疗团体、患者倡导团体、普通公民。在这个有点投机的结论中，我们提供了一些关于这些群体中出现的讨论领域的最终想法，以及这些对话可能的走向。

日常生活中收集到的数据，涉及我们的工作场所、市场和作为公民的未来。自我量化最终会走向何方，取决于谁拥有数据访问权和控制权。自我量化的未来取决于设计时关于隐私、数据流和业务模型所做的选择，取决于用户决定的数据含义及使用方法；最后，取决于监管机构如何规范医疗安全，以及如今的不甚完善的隐私法，当前，这些法律让许多人几乎没有办法去证实他们所面临的伤害。自我量化工具的未来不仅仅是少数人的下一代高级技术。从根本上说，这关系到普通大众在如何创造和传播知识方面，到底拥有怎样的发言权。

为数据访问权而战

请考虑一下雨果·坎波斯（Hugo Campos）的故事。当坎波斯得知，心脏除颤器的制造商认为心脏除颤器所产生的数据属于制造商，而不属于患者自己时，他立刻成为患者权利的倡导者。该公司声称对从他的身体内部发出的信号拥有独家所有权，但这可是他的心脏发出的信号。该公司还声称自己不仅有权监视他的每一个心跳，而且有"独家所有权"控制谁能查看数据及数据使用方法。由于坎波斯不是医学专业人士，公司并不认为他是该数据的合法用户。然而，对于自身的特殊情况，坎波斯可以称得上非常专业，所以他确实有一些非常明确的数据使用方式。他想了解普通活动对自己心脏的影响，比如参加有压力的会议或吃某种食物。坎波斯通过数据，排除不会对自己的心脏造成影响的因素。人们普遍建议心脏病患者采取健康的生活方式，并对自己的健康"负责"，但当坎波斯想要测试具体生活方式的影响时，却被阻止了。在医疗行业，作为人们"控制"自己健康的手段，自我量化技术被一部分人吹捧，但是当这个行业并不能明确指出"控制"所指的具体内容时，像坎波斯一样的人们，就不得不面对所谓的隐私和官僚作风，被阻止查看自己的数据，而公司却可以自行查看和使用数据。事实上，任何对设备的调整，或重新调整编程以允许使用者访问自己的数据，都构成版权侵犯行为。[1]坎波斯无法不让心脏发送数据给公司，除非他完全停止数据收集，但这对他来说毫无意义，因为数据实际上是有用的。

当坎波斯的合作伙伴换工作时，他却无法获得医疗健康数据的访问权。尽管坎波斯当时所拥有的仅仅是每天的自我照顾，但公司仍然拒绝授予坎波斯数据访问权，理由是在照顾自己方面，他无法做到像专家一样。他们声称，原始数据过于技术性。事实上，即使是他的医生（他曾经的医生）也只能得到汇总和清理后的数据。然而，每天的饮食和锻炼，虽然是没有医疗监督的自发行为，却对心脏有影响，坎波斯的医疗设备产生的原始数据可以帮助他思考这些决定。

对于坎波斯来说，数据所有权不是一个模糊的法律理论。数据是他身体的一部分，他想重新获得所有权。正如坎波斯所说，所有植入心脏除颤器的患者，"没有一个可以访问自己设备产生的数据。我相信你也同意这是一个令人讨厌的做法，它必须被制止。"[2]坎波斯对他的困境直言不讳，定期在病人宣传活动和健康技术会议上发表讲话。其他人则团结在一个相似的横幅周围——"还我数据！"在经过多年的公开斗争后，坎波斯获得了一些数据访问权。但他的个人胜利并不是所有病人的胜利，这样的胜利，还未能建立起使数据访问更加普及的社会、法律和技术机制。对于其他像坎波斯这样的人来说，要获得数据访问权，就必须对医疗设备数据的社会和技术基础进行大规模改变。数据访问意味着需要建立技术通道，包括为生成该数据的人提供适当的合法权利约束，以及管理设备使用或更改，规定传输数据的法律语言。那些受到封闭数据系统影响最大的人群，在数据使用权开放后将获益，那么他们应该承担起这项宣传工作的重任吗？没有人能独自做到这一点，许多人都能从更全面的系统改变中获益。

　　只要大多数公司和医生都默认数据是一种专有商品，是否公开数据需要人们选择，这种关于数据访问权的斗争就将持续下去。并非所有机构都这样看待事物，所有权也不像"你拥有或不拥有它"那么简单。与土地权利一样，

对于坎波斯来说，数据所有权
不是一个模糊的法律理论。
数据是他身体的一部分，
他想重新获得所有权。

使用、访问、共享和销售数据的权利都可以被分割并分配给不同的组织。随着自我量化数据慢慢地融入医疗系统中，人们需要像坎波斯一样大声地说出自己的需要，以确保自身利益得到保护。同样，几乎没有什么可以阻止第三方（比如保险公司和雇主）利用自我量化数据来歧视产生它的人。公共和政策明确声明了适当和不当使用数据的情形，可能会对改变这些做法有帮助。我们意识到，我们在这本书中关注的焦点是美国的医疗保健系统，在医疗服务由公共部门提供的地方，以及隐私法律更强的地方，可能会有完全不同的动态。

为数据隐私和安全而战

在最理想的情况下，自我量化数据的隐私权很可能正在进行重新协商。随着技术的发展，有关数据去向的新决策的出现，应用程序、追踪器和可穿戴设备将继续造成隐私和安全方面的隐患。关于自我量化工具的隐私性和安全性的一些挑战是技术性的。一份 2014 年的关于活动量化者安全和隐私的"赛门铁克报告"（Symantec report）发现，他们遇到的所有设备，未经授权的第三方都可以很容易地将其变成监控器，且只需要廉价的、现成的组件即可完成这件事："看来这些设备制造商（包括市场领导者）并未认真考虑和解决穿戴它们的产品带来的隐私问题。"在欧洲的两个城市，通过扫描公共区域，他们可以很容易地追踪所有使用过设备的人的位置。他们在扫描中发现的大多数传输应用甚至缺乏隐私政策。平均每个应用程序会将用户数据发送到 5 个不同的互联网域，这意味着多达 5 家不同的公司可以直接从用户的智能手机中获取数据。很少有客户意识到这一点。[3]

监管机构开始在这个问题上施压。美国联邦贸易委员会（FTC）主席伊迪丝·拉米雷斯（Edith Ramirez）呼吁，对于自我量化设备的数据保护，我们应该投入更多的关注。2015 年，她在消费电子展（CES）上的演讲中说："在不久的将来，我们日常生活的许多方面，即使不是绝大多数，也将被数字化地观察和储存。这一数据宝库将包含大量的信息，这些信息一旦拼凑在一起，就会呈现一幅非常个人化的、令人震惊的完整画面——其中包括我们的财务状况、健康状况、宗教偏好、家人和朋友。"拉米雷斯看到了反乌托邦的方面，分享数据方式的不透明，使数据可能反过来用于对消费者不利：

智能电视和平板电脑可能会追踪你更喜欢历史频道还是真人秀节目，但是，电视观看习惯是否会与未来的雇主或大学共享？是否会与数据教练分享，使得他们可以将这些碎片信息，比如通过停车场安全门、心脏监视器和智能手机收集的信息等拼凑起来，并将这些信息用于描绘你的画像，在你不知情的情况下提供给别人？如提供给或许会用你的形象来为有机食物或垃圾食品打广告的人，在拨打客服电话时提供你的定位，决定你会获得什么样的信用水平和其他一些产品。

在接下来一年的消费电子展上，拉米雷斯甚至更进一步，说她不放心把自己的数据给那些制造活动量化器的公司，而是依靠老式的、不联网的计步器进行量化。[4] 在一个由监管机构主持召开的行业会议上，这样的未来可以被合理地预测，这关系到消费者权益。这个未来预测的大部分内容，其实都已经在现实中出现，这应该让我们所有人都感到担忧。拉米雷斯提问道，这些数据会被用来为客户提供服务，还是会被用于与"消费者期望的和公司的关系"不一致的使用方式？在这里，我们看到了来自美国联邦政府的一个信号，即社会关系的完整性，并且，人们对自己和生产商之间的社会关系的期望也是很重要的。这些问题对健康和保健数据尤其重要，但这些问题也引申了在数据驱动的文化中更普遍的问题，即人们对自身所产生的数据到底拥有何种权利。

如果处理不当，数据不仅会被用来攻击你，还可以被用来找到你。计算机科学家的研究继续表明，即使是匿名数据，也可以被识别并归于特定个体。哈佛大学教授拉坦娅·斯威妮（Latanya Sweeney）是该领域的先驱研究员，她是一个团队的成员，他们能够将姓名和联系信息关联到个人基因组计划（Personal Genome Project）的公开资料中，这是一个人们从基因组测序中分享数据的项目。匿名数据的"重新识别"利用了大规模人口数据集的已知弱点。通过对公开的出生日期、性别和邮政编码这些看似无害的信息的研究，斯威妮的团队正确识别了84%～97%的匿名资料，其中包含了基因与医学信息。如果仅仅凭借一小部分人口信息的数据（这还不是带有个人信息和健康记录的数据，仅仅是公开的不受美国法律保护的数据），就可以识别出一个人，想象一下，在大规模共享和汇集的数据中，添加遗传信息或疾病条件对隐私风险意味着什么。[5]

在这方面，技术和法律解决方案都在发生作用。尽管大数据集可能会令人恐惧，但我们生活的世界，无法避免这种恐惧。许多重要的社会功能依赖于大型数据集，如医学研究和公共社会科学调查。这里有一个问题，研究人员或公司可能会储存数据，但这是因为其他人都正在这样做，而不是因为对特定数据的真实需求而做。法律上的解决方案，而非技术上的，可能会对这种做法产生更大的影响。

安全技术还需要发展，以便在适当的情况下促进数据交换，公司需要花时间将其构建到系统中，以确保这些数据集免遭强行侵入。在数据丰富的世界里，传统的"加密数据"方法并不适用，因为确保数据的机动性可以带来积极的影响。安全技术还可以帮助确保数据传输时，会被发送给正确的目标，而不会在中途遭到恶意拦截。技术方法可以降低适当数据交换中的意外影响的风险，但这还不够。

显然，技术不能解决数据会留下人类痕迹的特点，而这正是法律可以介入的地方。政策制定者们开始质疑，在数据饱和的世界里，我们一致同意的框架和公告是否仍能有效发挥作用，尽管隐私维权人士不同意"这些框架已被不可逆地打破"的观点。[6] 仅仅因为公司和研究人员能够在技术上对匿名数据进行非匿名化，并不等于他们应该或在法律上被允许这样做。可能会有法律制裁（如英国那样），用以反对在匿名数据集之中重新识别个人。这样的法律承认，数据"废气"在一定程度上使每个人都处于危险之中，同时也将可能带来伤害的行为定为犯罪。在技术不能阻止人们的某些地方，法律可以。

另一个保护隐私的潜在工具是透明度。即使透明度不是通过立法手段来实现的，研究人员、记者和志同道合的行业参与者也可以通过创建详细的数据记录，记录在不同法律和技术条件下数据的流向，来促进更大的透明度。本着同样的精神，电台节目"金钱星球"（*Planet Money*）购买了一份"不良资产"，并在随后的销售和转售中跟进，以帮助公众了解不良资产如何对经济造成重创。类似的数据追踪实践可能很困难，但已经开始出现一些项目，追踪谁在购买互联网数据记录。对算法的审计研究指出公司如何操纵社会媒体数据；在自我量化社区内部，一些社区成员试图记录数据流。[7] 能够保存数据来源的技术系统，可以帮助支持这种透明度。

数据的法律和监管问题

有关自我量化数据的法律也在发展。数据如何在法庭，由雇主、营销人员或保险公司使用，还有待商榷。这个问题对公民自由具有巨大的影响。公民自由组织和种族司法组织正在为一份文件所称的"大数据时代的民权原则"而战。争论中的问题是"高科技画像"，在这之中"新的监视工具和数据收集技术可以收集任何个人或群体的详细信息，从而增加了被分析和歧视的风险"。[8] 像新美国基金会开放技术研究所（New America Foundation's Open Technology

Institute）、美国公民自由联盟（American Civil Liberties Union）和全美有色人种协进会（NAACP）等组织都是争论的参与者。一份关于大数据和隐私的白宫报告显示，数据驱动的分析文化有很大的能力导致对"数字红线"的触碰，也就是使用数据来进行"新形式的歧视和掠夺行为"，以及影响住房、就业、信贷和消费市场。[9]

有关健康数据的个人隐私越来越难以得到保障，但鉴于研究和认真对待它所带来的潜在收益，保障隐私是很重要的。自我量化数据可能很快就会与其他数据联系起来，用以确定症状出现的准确时间，或者在发现症状之前进行预测。正如微小的震动可能预示着地震，每日步数的变化，甚至在互联网搜索模式上的差异，理论上都可以用来帮助诊断，在这方面，一些公司已经有所行动。然而，保护这种类型的数据将是一个巨大的挑战，尤其是从看似无害的数据中可以推断出更多的个人信息。正如白宫的一份报告所指出的那样，"传统上，卫生数据隐私政策试图保护那些信息被共享和分析的个人的身份。但是，越来越多的关于人群或类别的数据，将被用于在临床症状出现之前或很早发现疾病。"[10] 在医生办公室收集的数据被提供了保护措施，但我们尚未制定法律框架，为从我们的智能手机、网络搜索记录和数字设备收集到的类似数据提供保护。

在医生办公室收集的数据被
提供了保护措施，但我们尚未
制定法律框架，为从我们的智能
手机、网络搜索记录和数字设备
收集到的类似数据提供保护。

我们的健康数据隐私政策，主要用于保护个人的可识别信息。但是团体或家庭的数据又将如何保护呢？我们选择分享我们的基因信息并不仅仅会暴露我们自己，它也有可能被识别，进而影响和我们生物信息有关联的父母和子女。虽然《基因信息不歧视法案》（Genetic Information Nondiscrimination Act，GINA）在美国实施了一些保护措施，但这些保护只适用于医疗保险和就业歧视，并不适用于所有其他类型的潜在伤害，这些潜在伤害来自数据的不当使用。微生物组数据是另一种数据类型，它显示了住在一起或一起长大的人们的相似之处。微生物组的数据不仅能揭示一个人自身的信息，还能够揭示一个人的亲人和邻居的信息。

也尚无相关法律对能识别出我们的原始数据进行保护，对原始数据的识别，不是通过姓名，而是通过"数据中的各种可能性分析"。凯特·克劳福德（Kate Crawford）和杰森·舒尔茨（Jason Schultz）称这是潜在的"预测性的隐私伤害"。他们指出，虽然在美国有法律涵盖个人身份信息泄露的情形，但没有法律覆盖这样的情况：在数据足够的情况下，通过一组变量的结合，可以很高概率地推断出你的身份（比如邮政编码、出生月份、性别、拥有的车辆类型的组合，组合在一起可以指向某个特定的人）。[11] 这远非理论上的风险。一些州已经定期向私人公司出售住院治疗记录，研究人员仅仅是通过使用公开的数据，就能将这些记录与多达 43% 的病例联系在一起。[12] 在日常生活的许多领域，广泛的数据收集增加了预测性隐私损害的风险。但医院长期以来销售数据的做法加剧了这种风险。由于美国缺乏明确的数据隐私政策和法规，因此很难让公司对更强的数据保护承担法律责任。

在法庭上，如何"看待"自我量化数据，仍在讨论之中。宾夕法尼亚州兰开斯特市的警察使用 Fitbit 数据识破了一个女人编造的受攻击的故事，并以虚假报警将其告上法庭。[13]Vivametrica 公司的服务，是为在个人伤害案件中使用的活动追踪数据做准备，或者正如一位评论家所说的"量化的自我犯罪"。[14]Vivametrica 公司表示，"可穿戴技术作为工具，应该被律师接受，因为事实不会说谎。可穿戴数据可以为案件带来更多的准确性，从而提高律师的可信度。"一名律师把可穿戴设备称为人体的"黑盒子"，比如，数据为测量损伤索赔创造了方法，而数据也开始以这种方式被使用。当然，通观本书，我们已经看到了大量的案例，其中的数据远远达不到"完全遵循事实且不撒谎"的标准。传感器会产生虚假的峰值；数据丢失；设备本身无法提供用来理解数据的环境信息。只有当人们对自我量化工具有控制权，并且对产生的数据有控制权时，自我量化工具才能作为消费者设备发挥作用。如果像这样的不正确的数据成为一种普遍的法律证据形式，那么这些工具的市场将会受到冷遇。

技术创新的未来方向

规模较小的初创公司在消费者健康方面取得了巨大的进步，通过新的工具，可以为监管的医疗市场带来设计和技术方面的专业知识。然而，监管过程和机构的结合意味着，只有少部分初创公司已经接受了设计更多高度监管的领域的挑战，比如医院和家庭医疗。

允许人们和公司跨多个设备、平台和数据类型进行协作的技术标准还在开发中。一些公司的业务依赖于阻止客户获取数据然后离开的能力，而其他公司则会从一个更加开放的生态系统中受益，用户可以在那些使用他们数据的服务和公司中选择。目前，提供行为改变指导服务的公司使用的是来自其他设备的数据。开放 API 使公司能够将程序建立在彼此的系统上。现在，有一小部分初创公司将自己定位于在公司和用户之间进行数据协调，因此在这个过程中，即使临床和非临床数据之间的区别产生了挑战，也会出现一定程度的开放性和可互相操作性。正如我们所看到的，从医疗设备生态系统中获取数据，并将其与其他自我量化数据结合，对于那些管理慢性疾病的病人来说，能产生巨大的效用。虽然关于数据互相操作性的技术标准的讨论，让一些人感到很艰难，但这很重要，因为互相操作性促进了人们产生创新成果的能力，这是我们通过本书可以得出的结论。

健康和公平的争论

如果自我量化是为了帮助病得最重和最贫穷的人，那么工具就需要为这些社区而专门设计。分析师们已经开始认为活动量化者市场是一个"拥挤的市场"，尽管对我们来说，这种监管是相当明显的。在这本书中我们已经看到，工具常常不能充分利用行为变化科学，或者考虑最根本的产生健康问题的非常真实的社会现实。他们常常依赖于一个简单的概念，"数据带来知识，知识带来改变"，这个概念适用于量化动机很高的人。

实际上，关于谁是最适合填补这一空缺的最佳人选，存在着非常现实的问题。市场很擅长解决某些问题，快速的创新发生在利润驱动的、面向消费者的健康和保健数据上。在生活的其他领域，通过消费市场解决社会问题的努力得到了不同的结果。比如，许多批评人士抱怨说，为"金字塔底部"（即发展中国家的穷人）设计消费品，被证明比在完全没有任何干预的市场中进行设计，更具有剥削性，同时给参与其中的公司创造了一种慈善的假象。市场是公民生活中不可否认的一部分，公司将继续在其中发挥作用。然而，我们都应该考虑哪些行动者能将他们的利益与公民利益结合在一起，提供满足人们需求的商品和服务，而不仅仅是在需求与盈利能力相交的地方。像"夜童计划"这样的草根项目，是市场无法满足人们的需要，于是人们对市场进行干预的典型例子。这些无偿的工作是否应该由家庭承担，或者是否有足够的公共利益来支持那些促进这项活动的政策，是一个值得讨论的问题。

公司对哪些数据值得收集的设计选择，将决定哪些数据可以用于临床实践和医学研究。像 Validic 和 Open mHealth 这样的组织，致力于研究当新的数据类型从新的传感器和应用中产生时，找到将临床定义分配给新数据类型的方法。如果在社会中的医疗更规范，自我量化数据就能发挥更大的作用，可以激励行动、激励护理团队、激励协议达成和治疗，同时，要想将自我量化数据转化到临床领域中，也需要做更多的工作。这可能要求公司确保有足够的空间让其他人以新的方式使用数据，或者在与数据通约性有关的对话中获得更多的参与。

作为自我量化数据使用的结果，最终是否会有更多的公众参与到生物医学研究中，取决于公众对医学研究目标的看法，以及他们对数据的环境完整性和自身数据隐私的信心。一些自我量化者认为，数据是独一无二的，他们可能不希望自己的数据被迫与他人匹配。在多中取一（n-of-1）量化方式和人口层面知识之间移动的研究人员，必须与自我量化数据的异质性进行斗争。一些生命科学和医学研究人员将会跟随埃里克·托波尔等人的号召，试图从自我量化和其他类型的医学数据中绘制出一个累加、个性化的健康画像。其他人将设计工具和协议，将个人层面的数据与更大的社会和背景知识结合起来，这种情形的可行性和可取性很可能继续成为社会争论的领域。

为数据意义而战

数据化（datafication）指社会特权数据和数据驱动的结果，而不是其他类型的知识。当数据调解如此多事情的时候，对数据的含义进行控制是一种能力。

在这本书中，我们看到了一些案例，人们声称自己对数据的含义有很高的控制力，通常在应用程序不适合他们的背景时，数据解释就会偏离本来的含义。当应用程序公司错误设置了用户的社会背景时，就像他们经常试图为尽可能广泛的市场，或为客户的需求设计合理的商业规则时一样，他们会制造出比平庸的产品更有问题的产品。对于数据来说，空洞的内容或错误的含义会造成真正严重的后果。

应用的一位使用者，金姆·麦考利芙（Kim McAuliffe），激动地写下了这些后果。麦考利芙是西雅图的一位游戏设计者，在备孕期间，一直在使用量化生育的应用。她的妊娠检查呈阳性，但随后又失去了孩子。这对她来说，是一个非常悲痛的损失。当怀孕时，她下载了许多孕期量化应用，所有这些应用的设计，都让她质疑是否真的有女性参与到应用的设计过程中："所有这些应用，都有一个令人不安的相似之处，那就是怀孕妇女只能正确地掌握发育中的胎儿大小，而无法决定自己该吃什么。"这种假设可能被贴上了不幸的标签，但是对她而言没有产生真正的伤害。然而，她持续几周收到了"关于一个你已经失去了的孩子的持续不断的相关邮件，每收到一次，就都像扎心般痛苦，'退订'键一直不起作用。"就好像因为被营销而不停重新审视创伤还不够糟糕，当她回到了她的生育量化应用程序以后，发现他们已经删除了她所有的数据，整整一年的有价值的备孕信息，一旦她将状态改为"怀孕"以后，这些数据就都被删除了。这一应用程序之所以这么做，是让数据不影响他们预测怀孕 9 个月后生育能力的算法；他们认为大多数人在 9 个月后都能正常生育。这家公司，她提到，自那之后就改变了这一做法，并且最终为她找回了数据。[17]她经历的需要通过努力才能拿回数据的过程（反映了痛苦的回忆的数据，但仍有可能在未来带来帮助）反映了在应用开发者的决定面前，我们是多么的脆弱，应用开发者能轻易地决定数据的含义。

每次我们看手机来了解自己走了多少步的时候，其实是一个机会，询问自己想怎样使周围的世界、个人经历、自己的身体更有意义，同时也包括我们想对开发者所说的话，可以让他们来帮助我们做到这些事。我们自己和我们产生的数据之间的界限所在的位置，由我们自己来决定。对于应该量化的事物，不应该被测量和量化的事物，我们可以坚持一个明确而有意义的区分。在这个过程中，需要留存有失败实验的空间。QS 社区的人们一直在努力研究不容易量化的生活领域，或者是无法量化的问题，以及科学和自我讲话都无法提供明确治疗方案的病症。

我们自己和我们产生的
数据之间的界限所在的位置，
由我们自己来决定。

用礼貌的方式来接近感受、情感和不可言说的感情，在实践中认识生物物理的痕迹，在自我量化的市场上很少见。可能是市场处于不利于传达这些思想的情形，但这并不会使它们无法想象。琳达·斯通（Linda Stone）创造了"持续部分关注"这个词来描述超媒体饱和及支离破碎的生活，她描述了她是如何控制三叉神经痛中控制衰弱产生的长期疼痛的："我的思想和身体需要和谐共处。它们需要共同促进健康。或许通过技术可以来促进这一点，但量化自我技术并没有让人感觉很容易接受，我想为我的身体做一些更好的事情。"她发现，当数据令人不安，但慢性疼痛又确确实实是一个问题时，健康数据的数据流可能会令人沮丧和觉得有压力，而她寻求的技巧反而帮助她获得了"必要的自我"，包括冥想、生物反馈和增强身体的感觉。[18] 许多人在 QS 社区和其他地方的经历表明，在未来，利用技术让我们重新认识自己的感觉，并以可能做到的最仁慈的方式去做，但这是一个需要为之奋斗才能达成的未来。

个人量化的发展方向

雨果·坎波斯开始自己的斗争，不仅仅因为被冤枉，而且还因为他知道，如果得到了自己的数据，他能做出什么改变。我们希望，从我们分享于这本书中的一些故事，读者也能感受到这一点。尽管围绕自我量化数据的社会系统存在许多问题，但人们还是能向那些提倡自我量化的人学到很多。我们在自我量化方面的个人经历，在意识到这些更广泛的社会动态时，让我们相信，数据可以在可怕和授权之间，无法控制和易于管理之间，信息明确和令人困惑之间交替。学习如何保持量化，可以为不量化和向迫使我们量化的人，提出更犀利的问题。

数据艺术家和自我量化爱好者们表示，在数据中，同时有将其视作激励和抗拒的空间。积极的社区关注病人的权利，他们的数据激励我们希望更多。这两种社区，都是人们理解大数据的逻辑和文化的很好的例子，表明了人们试图改变逻辑和文化时做出的努力。他们的实践表明，数据的不确定性和增殖不是决定性的，在某些情况下可以变成资产，由普通人自己控制。公司和医疗行业将他们的价值观设计到生产的设备中，但这并没有赋予他们给出最后一个词、最后一个实验或最后一个数据集的权利。[19]

对于自我量化实践的意义，社区和社会仍然还必须做出许多选择。我们希望我们的读者能从这本书中看到，通过自身的参与，自我量化工具可以被修改和重新制作。我们希望，这些关于人们如何使用自己的数据的故事，可以给予你思考数据如何在你自己的生活中起作用的方法。我们认为，自我量化的未来，一个支持人们用自己的数据来提问和回答自己的问题的未来，是一个值得为之奋斗的未来。

术 语 表

A/B testing　A/B 测试　一种实验设计，目的是弄清治疗或干预的效果，有时是设计在同一个人体内，通过有意识地区分治疗期和非治疗期来完成。A/B 测试用来寻找治疗前后的不同，A/B/A/B 测试增加了一个测试周期。

Accelerometer　加速度计　传感器的一种，广泛用于智能手机和可穿戴设备，作用是追踪力和方向。从加速度计中可以计算许多不同种类的数据，比如步数、活动水平、定位。

Activity tracker　活动追踪器　一种监测人的运动的设备，通常与体育活动、锻炼相关。目前在售的活动追踪器包括：Jawbone's UP、Fitbit 和耐克能量腕带（Nike Fuelband）。有几款智能手表和智能手机也内置活动追踪器。

Aggregation　聚合　通过某种方式将数据整合到一起的过程。聚合的形式，可以是将许多人的数据整合到一起；

也可以是将同一个人的不同来源的数据整合到一起；还可以是处理单个数据流的一种方式，要么根据时间来处理（比如提取所有下午 5 ～ 6 点的数据），要么根据地点处理（比如所有在家产生的数据对比公司产生的数据），或者根据价值来处理（所有高于某一临界值的数据）。

Application Programming Interface（API） 应用程序编程接口（API） 通过接口，软件开发人员可以访问用户数据，并将其导入他们的服务中。根据 API 的设计方式不同，不管是由数据主体自行发起传递，还是在其不参与的情况下，数据传递都可以进行。

Biomedicalization 生物医学化 人们理解世界的方式，在越来越多的领域受到医学和技术思想的影响的过程。

生物医学化意味着，在医学和技术的共同作用下，医学的作用范围将不仅仅只是传统上的诊断疾病和病症，而是扩展到更广泛的生活质量方面。

Citizen science 公民科学 指没有正式证书的大众参加科学研究的情形。一些公民科学项目包含了由非科学家参与的简单任务，如观察和数据录入，也有一些项目内容是非专业的研究设计、分析和传播。

Cloud 云 工业行业术语，指的是在服务器中存储数据的做法，而不是在单个计算机、手机或智能手表中存储。

Compliance　**遵从性**　病人遵循医嘱或建议的程度。

Communal tracking　**公共量化**　一种公民科学使用的方法，具体做法包括将个人量化的数据捐赠给公共卫生研究，以进行更有用的研究。

Contextual integrity　**语境完整性**　一种解释隐私保护的形式，即当数据被保存在产生它的社会环境中，并对谁拥有权限访问的期望和规范进行维护时，可以认为隐私受到了保护。

Datafication　**数据化**　在社会中，与其他做决定的方式相比，根据数据和数据驱动信息做出决定，变得越来越重要的过程。

Enum　**枚举**　包含固定的可能数据点的数据。多项选择题的答案，会产生枚举数据。通常心情数据会通过这种方式记录，数据点来自一个固定的可能的心情列表。

Exosense/exoself　**延伸感觉/延伸自我**　通过工具，创造出的之前体验不到的身体感觉。

Export　**输出**　从应用或服务中提取数据的能力。

Gamification　**游戏化**　利用源自视频游戏中的软件交互技术，来说服软件用户执行特定的操作。

Imposed tracking　**强制量化**　当没有可替代的选择时，而不得不进行的量化。比如当量化成为雇用或购买保险的前置条件时。

Interoperability　互相操作性　根据工程标准机构 IEEE 的说法，互相操作性是"两个或多个系统或组件交换信息和使用交换后的信息的能力"。

Manual tracking　手工量化　与通过数码传感器量化相对，通过手工记录某事，或用电子表格、文件进行记录。

***n* of 1　多中取一**　个体实验，即主体的个数（n）只有 1 个。

Pushed tracking　逼迫量化　给人们激励或社会压力来逼迫人们量化，比如当雇员选择不量化健康或工作产出时，会受到来自雇主的压力的情况。

Quantified Self　自我量化（QS）　特指一个由自我量化积极分子组成的社区，由加里·沃尔夫和凯文·凯利创立。一些记者和学者通常使用的"广泛自我量化"，常用来泛指自我量化工具或实践。

Sampling rate　采样率　数据被传感器记录或取样的频率（比如每 5 分钟、每小时）。

Sensor　传感器　设备的一个小部件，能探测到一些物理现象，如光、位置或运动。生物传感器属于传感器的一种，可以探测到液体或气体的存在，比如汗液或二氧化碳。

Wearable　可穿戴设备　一个穿戴在身体某处的小计算装置，可以是传感器和其他配件，比如手表、珠宝、眼镜、衣服等。

注　释

第1章

1. IDC, "IDC Forecasts Worldwide Shipments of Wearables to Surpass 200 Million in 2019," http://www.idc.com/getdoc.jsp?containerId=prUS41100116, accessed March 29, 2016.

2. Nora Young, *The Virtual Self* (Toronto: McClelland & Stewart, 2012).

3. For further discussion of healthism, see Julie Guthman, *Weighing In: Obesity, Food Justice, and the Limits of Capitalism* (Berkeley: University of California Press, 2011).

4. Benjamin Franklin's self-examination quote is from his autobiography. See "The Electric Ben Franklin," http://www.ushistory.org/franklin/autobiography/page41.htm, accessed August 22, 2015.

5. Lee Humphreys, Phillipa Gill, Balachander Krishnamurthy, and Elizabeth Newbury, "Historicizing New Media: A Content Analysis of Twitter," *Journal of Communication* 63 (2013): 413–431.

6. Adele E. Clarke, "Biomedicalization," in *The Wiley Blackwell Encyclopedia of Health, Illness, Behavior, and Society* (Hoboken, NJ: John Wiley & Sons 2003): 137–142.

7. Mika Pantzar and Minna Ruckenstein, "The Heart of Everyday Analytics: Emotional, Material and Practical Extensions in Self-Tracking Market," *Consumption Markets & Culture* 18 (2015): 92–109. See also Minna Ruckenstein, "Visualized and Interacted Life: Personal Analytics and Engagements with Data Doubles," *Societies* 4 (2014): 68–84.

8. The study of lead users is Eun Kyoung Choe, Nicole B. Lee, Bongshin Lee, Wanda Pratt, and Julie A. Kientz, "Understanding Quantified-Selfers' Practices in Collecting and Exploring Personal Data," 32nd Annual ACM Con-

ference on Human Factors in Computing Systems (New York: ACM, 2014), 1143–1152. The national study is Susannah Fox and Maeve Duggan, "Tracking for Health" (Washington, DC: Pew Research Center Internet & American Life Project, 2013).

9. Sara Watson, "Living with Data: Personal Data Uses of the Quantified Self" (MSc thesis, University of Oxford, 2013), http://www.scribd.com/doc/172418320/Living-With-Data-Personal-Data-Uses-of-the-Quantified-Self, accessed December 15, 2015.

10. Ian Li, Anind Dey, and Jodi Forlizzi, "A Stage-Based Model of Personal Informatics Systems," in *Proceedings of the SIGCHI Conference on Human Factors in Computing Systems* (New York: ACM, 2010), 557–566.

11. PricewaterhouseCoopers, "The Wearable Future," 2014, http://www.pwc.com/us/en/technology/publications/wearable-technology.html, accessed December 14, 2015.

12. Economist Intelligence Unit, PricewaterhouseCoopers, "Emerging mHealth: Paths for Growth," June 7, 2012, https://www.pwc.com/gx/en/healthcare/mhealth/assets/pwc-emerging-mhealth-chart-pack.pdf, accessed December 14, 2015.

13. Jody Rank, "Platform Wars for the Quantified Self," October 20, 2014, http://research.gigaom.com/report/platform-wars-for-the-quantified-self, accessed November 15, 2014.

14. PricewaterhouseCoopers, "The Wearable Future," 17.

15. One example is Deborah Lupton, "The Digitally Engaged Patient: Self-Monitoring and Self-Care in the Digital Health Era," *Social Theory & Health* 11 (2013): 256–270. Another is Melissa Gregg, *Work's Intimacy* (Hoboken, NJ: John Wiley & Sons, 2013).

16. One example is Askild Matre Aasarød, "A Dislocated Gut Feeling: An Analysis of Cyborg Relations in Diabetes Self-Care" (MA thesis, Aarhus University, 2012). Another is Natasha Dow Schüll, *Keeping Track: Personal Informatics, Self-Regulation, and the Data-Driven Life* (New York: Farrar, Straus, and Giroux, forthcoming).

17. Linda Stone, "A Discussion of Essential Self Technologies," April 30, 2014, http://lindastone.net/2014/04/30/a-discussion-of-essential-self-technologies/, accessed December 14, 2015.

18. Adrian Mackenzie, *Transductions: Bodies and Machines at Speed* (London: A&C Black, 2006).

19. Deborah Lupton, "Self-Tracking Modes: Reflexive Self-Monitoring and Data Practices," last modified August 19, 2014, http://dx.doi.org/10.2139/ssrn.2483549, accessed December 14, 2015.

20. Carl Cederström and André Spicer, *The Wellness Syndrome* (London: Polity, 2015).

21. For a fuller description of communities of practice, see Penelope Eckert, "Communities of Practice," *Encyclopedia of Language and Linguistics* 2 (2006): 683–685.

22. Charles Kadushin, *The American Intellectual Elite* (Boston: Little, Brown, 1974).

23. Tim Ferriss, "The First-Ever Quantified Self Notes," http://fourhour workweek.com/2013/04/03/the-first-ever-quantified-self-notes-plus-lsd -as-cognitive-enhancer/, accessed March 7, 2015. See also the post by Gary Wolf after that first meeting, "Why? | Quantified Self," http://quantifiedself .com/2008/09/but-why/, accessed March 7, 2015.

24. Kristen Barta and Gina Neff, "Technologies for Sharing: Lessons from Quantified Self about the Political Economy of Platforms," *Information, Communication & Society* 19 (2016): doi: 10.1080/1369118X.2015.1118520.

25. Gary Wolf, "The Data-Driven Life." *New York Times*, April 28, 2010, http://www .nytimes.com/2010/05/02/magazine/02self-measurement-t.html, accessed December 14, 2015.

第 2 章

1. Minna Ruckenstein, "Visualized and Interacted Life: Personal Analytics and Engagements with Data Doubles," *Societies* 4 (2014): 68–84.

2. Nanna Gorm and Irina Shklovski, "Steps, Choices, and Moral Accounting: Observations from a Step-Counting Campaign in the Workplace," CSCW '16, San Francisco, 2016.

3. Evgeny Morozov, *To Save Everything, Click Here: The Folly of Technological Solutionism* (New York: PublicAffairs, 2013).

4. Jacqueline Wheelwright, "Self-Tracking for Autoimmune Mastery," November 8, 2015, https://vimeo.com/144678614, accessed November 22, 2015.

5. Seth Roberts, "Reaction Time as a Measure of Health," January 9, 2014, http://blog.sethroberts.net/2014/01/09/reaction-time-as-a-measure-of -health/, accessed November 22, 2015.

6. Seth Roberts, "Lessons of This Blog (2nd of 2)," December 27, 2013, http:// blog.sethroberts.net/2013/12/27/lessons-of-this-blog-2nd-of-2/, accessed December 16, 2015.

7. Daniel Rosenberg, "Data before the Fact," in *Raw Data Is an Oxymoron*, ed. Lisa L. Gitelman (Cambridge, MA: MIT Press, 2013), 15–40.

8. Ernesto Ramirez, "Talking Data with Your Doc: The Patient," March 29, 2012, http://quantifiedself.com/2012/03/talking-data-with-your-doc/, accessed August 9, 2015.

9. "Quantified Self Public Health Symposium," April 3, 2014, http://quantified self.com/symposium/Symposium-2014/, accessed November 22, 2015.

10. Lorraine Daston and Peter Galison, *Objectivity* (New York: Zone Books, 2007).

11. Ernesto Ramirez, "QS Access: Ian Eslick on Personal Experimentation," January 21, 2015, http://quantifiedself.com/2015/01/qs-access-ian-eslick-personal -experimentation/, accessed November 22, 2015.

12. Brittany Fiore-Gartland and Gina Neff, "Communication, Mediation, and the Expectations of Data: Data Valences across Health and Wellness Communities," *International Journal of Communication* 9 (2015): 1466–1484, http://ijoc .org/index.php/ijoc/article/view/2830, accessed November 22, 2015.

13. David F. Carr, "Quantified Self Should Be about Health, Not Ego," *InformationWeek*, September 25, 2014, http://www.informationweek.com/ healthcare/patient-tools/quantified-self-should-be-about-health-not-ego -/a/d-id/1316069, accessed November 22, 2015.

14. Annemarie Mol, *The Logic of Care: Health and the Problem of Patient Choice* (London: Routledge, 2008).

15. Brittany Fiore-Gartland and Gina Neff, "Disruption and the Political Economy of Self-Tracking Data," in *Quantified: Biosensors in Everyday Life*, ed. Dawn Nafus (Cambridge, MA: MIT Press, 2016), 101–122.

16. Ernesto Ramirez, "The DIY Pancreas: An Access Conversation with Dana Lewis & Scott Leibrand," February 17, 2015, https://medium.com/access -matters/do-it-yourself-diabetes-bd1ea1adf034, accessed November 22, 2015.

17. Brad Millington, "Smartphone Apps and the Mobile Privatization of Health and Fitness," *Critical Studies in Media Communication* 31 (2014): 479–493, doi:10.1080/15295036.2014.973429.

18. Helen Nissenbaum, *Privacy in Context: Technology, Policy, and the Integrity of Social Life* (Redwood City, CA: Stanford University Press, 2009).

19. Bill Maurer, "Principles of Descent and Alliance for Big Data," in *Data, Now Bigger and Better!*, ed. Tom Boellstorff and Bill Maurer (Chicago: Prickly Paradigm Press, 2015), 67–86.

第 3 章

1. Natasha Dow Schüll, "The Folly of Technological Solutionism: An Interview with Evgeny Morozov," September 9, 2013, http://www.publicbooks.org/ interviews/the-folly-of-technological-solutionism-an-interview-with-evgeny -morozov , accessed December 14, 2015.

2. "Amelia Greenhall on Gold Star Experiments," December 31, 2012, http:// quantifiedself.com/2012/12/amelia-greenhall-on-gold-star-experiments/, accessed December 14, 2015.

3. Susan Greenhalgh, "Weighty Subjects: The Biopolitics of the US War on Fat," *American Ethnologist* 39 (2012): 471–487.

4. Whitney Erin Boesel, "The Woman vs. the Stick," September 20, 2012, http://thesocietypages.org/cyborgology/2012/09/20/the-woman-vs-the-stick-mindfulness-at-quantified-self-2012/, accessed December 14, 2015.

5. Robin Barooah, "I Am Broken, or I Can Learn," September 18, 2011, http://quantifiedself.com/2011/09/robin-barooah-i-am-broken-or-i-can-learn/, accessed November 15, 2015.

6. Attributed to QS community member Seth Roberts. See Andrew Gelman, "Seth Roberts," April 30, 2014, http://andrewgelman.com/2014/04/30/seth-roberts/, accessed December 14, 2015.

7. Kevin Kelly, "Closing Keynote," Quantified Self 2012 Global Conference, Palo Alto, CA, https://vimeo.com/56082231, accessed March 9, 2015.

8. "Feelspace," http://www.feelspace.de/, accessed December 14, 2015.

9. "Stephen Cartwright," http://www.stephencartwright.com, accessed December 14, 2015.

10. Rob Walker, "How to Pay Attention: 20 Ways to Win the War against Seeing," December 18, 2014, https://medium.com/re-form/how-to-pay-attention-4751adb53cb6, accessed December 14, 2015.

11. Daniela Rosner, "Say I Love You with Mapping," February 9, 2015, https://medium.com/re-form/say-i-love-you-with-mapping-a386df308d78, accessed December 14, 2015.

12. Dawn Nafus and Jamie Sherman, "This One Does Not Go Up to 11: The Quantified Self Movement as an Alternative Big Data Practice," *International Journal of Communication* 8 (2014): 1784–1794.

13. Nick Feltron created beautiful annual reports on minute details about his everyday life. See http://feltron.com/, accessed December 14, 2015.

14. Walker, "How to Pay Attention."

15. Anne Wright, "Breaking Free from the Tyranny of the Norm," July 22, 2014, http://quantifiedself.com/2014/07/anne-wright-breaking-free-tyranny-norm/, accessed December 14, 2015.

16. Anne Wright, *The BodyTrack Project* (Berlin: Springer, forthcoming).

17. Joseph Dumit, "Illnesses You Have to Fight to Get: Facts as Forces in Uncertain, Emergent Illnesses," *Social Science & Medicine* 62 (2006): 577–590.

18. Alexandra Carmichael, "Mark Drangsholt on Tracking a Heart Rhythm Disorder," April 2, 2012, http://quantifiedself.com/2012/04/mark-drangsholt/, accessed December 14, 2015.

19. B. J. Fogg, "Forget Big Change, Start with a Tiny Habit," http://tedxtalks.ted.com/video/Forget-big-change-start-with-a/, accessed December 14, 2015.

20. Charles Duhigg, *The Power of Habit: Why We Do What We Do in Life and Business* (New York: Random House, 2012).

21. Jeremy Dean, *Making Habits, Breaking Habits: Why We Do Things, Why We Don't, and How to Make Any Change Stick* (Boston: Da Capo Lifelong, 2013).

187

22. Whitney Erin Boesel, "By Whom, For Whom? Science, Startups, and the Quantified Self," October 17, 2013, http://thesocietypages.org/cyborgology/ 2013/10/17/by-whom-for-whom-science-startups-and-quantified-self/, accessed December 14, 2015.

23. Sophie Day, Celia Lury, and Nina Wakeford, "Number Ecologies: Numbers and Numbering Practices," *Distinktion: Scandinavian Journal of Social Theory* 15 (2014): 123–154.

24. Gerd Gigerenzer and Adrian Edwards, "Simple Tools for Understanding Risks: From Innumeracy to Insight," *British Medical Journal* 327 (2003): 741–744.

25. Data Sense is a research prototype (not a commercial product) built by a research team at Intel co-led by Dawn.

26. Improvements in machine vision software will make this task easier over time, provided technology developers make these tools available for self-tracking applications.

27. Ana Viseu and Lucy Suchman, "Wearable Augmentations: Imaginaries of the Informed Body," in *Technologized Images, Technologized Bodies*, ed. Jeanette Edwards, Penny Harvey, and Peter Wade (New York and Oxford: Berghahn Books, 2010), 161–184.

第 4 章

1. Evgeny Morozov, *To Save Everything, Click Here: The Folly of Technological Solutionism* (New York: PublicAffairs, 2013), xi.

2. Berg Insight, n.d., "Connected Wearables," http://www.berginsight.com/ ReportPDF/ProductSheet/bi-cw1-ps.pdf, accessed November 22, 2015.

3. Sam Colt, "Investors Are Massively Underestimating the Apple Watch," November 19, 2014, http://uk.businessinsider.com/investors-are-massively -underestimating-the-apple-watch-2014-11, accessed December 27, 2014.

4. Malay Gandhi and Teresa Wang, "Rock Health Digital Health Funding Year in Review 2014," January 1, 2015, http://www.slideshare.net/RockHealth/ rock-health-2014-year-in-review-funding-1, accessed November 22, 2015.

5. Dawn Nafus and Jamie Sherman, "This One Does Not Go Up to 11: The Quantified Self Movement as an Alternative Big Data Practice," *International Journal of Communication* 8 (2014): 1784–1794, http://ijoc.org/index.php/ ijoc/article/view/2170, accessed November 22, 2015.

6. Yuliya Grinberg, "Destination: You," October 6, 2015, http://blog.castac .org/2015/10/06/destination-you/, accessed December 14, 2015.

7. Ian Hacking, *The Taming of Chance* (Cambridge, UK: Cambridge University Press, 1990).

8. Morozov, *To Save Everything.*

9. Harry McCracken and Lev Grossman, "Google vs. Death," *Time*, Septem-

ber 30, 2014, http://time.com/574/google-vs-death/, accessed November 22, 2015.

10. Dawn Nafus, "Design for X: Prediction and the Embeddedness (or not) of Research in Technology Production," in *Subversion, Conversion, Development: Cross-Cultural Knowledge Exchange and the Politics of Design*, ed. James Leach and Lee Wilson (Cambridge, MA: MIT Press, 2013), 201–222.

11. Parmy Olson and Aaron Tilley, "The Quantified Other: Nest and Fitbit Chase a Lucrative Side Business," April 17, 2014, http://www.forbes.com/sites/parmyolson/2014/04/17/the-quantified-other-nest-and-fitbit-chase-a-lucrative-side-business/, accessed November 22, 2015.

12. Matthew Herper, "Surprise! With $60 Million Genentech Deal, 23andMe Has a Business Plan," January 6, 2015, http://www.forbes.com/sites/matthewherper/2015/01/06/surprise-with-60-million-genentech-deal-23andme-has-a-business-plan/, accessed December 13, 2015.

13. Frank Pasquale, *The Black Box Society* (Cambridge, MA: Harvard University Press, 2015).

14. The White House, "Big Data: Seizing Opportunities, Preserving Values: Interim Progress Report," February 2015, https://www.whitehouse.gov/sites/default/files/docs/20150204_Big_Data_Seizing_Opportunities_Preserving_Values_Memo.pdf, accessed December 13, 2015.

15. Hanna Wallach, "Big Data, Machine Learning, and the Social Sciences," December 19, 2014, https://medium.com/@hannawallach/big-data-machine-learning-and-the-social-sciences-927a8e20460d#.5a2igmr4g, accessed December 13, 2015.

16. Gandhi and Wang, "Rock Health Digital Health Funding Year in Review 2014," 14.

17. Jonah Comstock, "NBA Players Start Wearing Wearable Health Trackers," February 19, 2014, http://mobihealthnews.com/30109/nba-players-start-wearing-wearable-health-trackers/, accessed November 22, 2015.

18. Olivia Solon, "Wearable Technology Creeps into the Workplace," *Bloomberg Business*, August 6, 2015, http://www.bloomberg.com/news/articles/2015-08-07/wearable-technology-creeps-into-the-workplace, accessed December 14, 2015.

19. See Eric Wicklund, "Smartwatches Are Missing a Crucial Market," March 18, 2015, http://www.mhealthnews.com/news/smartwatches-are-missing-crucial-market, accessed November 22, 2015. See also Accenture, "Silver Surfers Are Catching the e-Health Wave," http://www.accenture.com/us-en/Pages/insight-silver-surfer-catching-ehealth-wave.aspx, accessed March 20, 2015.

20. Elizabeth Wissinger, *This Year's Model: Fashion, Media, and the Making of Glamour* (New York: NYU Press, 2015), 275.

21. Carl Cederström and André Spicer, *The Wellness Syndrome* (London: Polity, 2015).

22. Steven Poole, "The Wellness Syndrome by Carl Cederström & André Spicer," *The Guardian*, January 22, 2015, http://www.theguardian.com/books/2015/jan/22/the-wellness-syndrome-carl-cederstrom-andre-spicer-persuasive-diagnosis/, accessed December 14, 2015.

23. Sarah O'Connor, "Wearables at Work: The New Frontier of Employee Surveillance," June 8, 2015, http://www.ft.com/intl/cms/s/2/d7eee768-0b65-11e5-994d-00144feabdc0.html, accessed December 13, 2015.

24. Simon Head, *Mindless: Why Smarter Machines are Making Dumber Humans* (New York: Basic Books, 2014), 3.

25. ABI Research, "Corporate Wellness Is a 13 Million Unit Wearable Wireless Device Opportunity," September 25, 2013, https://www.abiresearch.com/press/corporate-wellness-is-a-13-million-unit-wearable-w/, accessed December 14, 2015.

26. See Al Lewis and Vik Khanna, "Corporate Wellness Programs Lose Money," *Harvard Business Review*, October 15, 2015, https://hbr.org/2015/10/corporate-wellness-programs-lose-money?cm_sp=Article-_-Links-_-Top%20of%20Page%20Recirculation; and Leonard Berry, Ann Mirabito, and William Baun, "What's the Hard Return on Employee Wellness Programs, *Harvard Business Review*, December 2010, https://hbr.org/2010/12/whats-the-hard-return-on-employee-wellness-programs, both accessed December 14, 2015.

27. Scott Berinato, "Corporate Wellness Programs Make Us Unwell: An Interview with André Spicer," May 2015, https://hbr.org/2015/05/corporate-wellness-programs-make-us-unwell, accessed December 13, 2015. See also Mitesh S. Patel et al., "Premium-Based Financial Incentives Did Not Promote Workplace Weight Loss in a 2013–15 Study," *Health Affairs* 35 (2016): 71–79, doi: 10.1377/hlthaff.2015.0945.

第 5 章

1. Susannah Fox and Maeve Duggan, "Tracking for Health" (Washington, DC: Pew Research Center Internet & American Life Project, 2013), January 28, 2013, http://www.pewinternet.org/2013/01/28/main-report-8, accessed November 22, 2015.

2. Ibid.

3. See "'We Are Not Waiting'—Diabetes Data Innovation Now!", n.d., http://www.healthline.com/health/diabetesmine/innovation/we-are-not-waiting, accessed November 22, 2015.

4. See Kate Linebaugh, "Citizen Hackers Tinker with Medical Devices," *Wall Street Journal*, September 26, 2014, http://www.wsj.com/articles/citizen-hackers-concoct-upgrades-for-medical-devices-1411762843, accessed Novem-

ber 22, 2015. See also http://www.nightscout.info, accessed November 22, 2015.

5. Nanette Byrnes, "Vinod Khosla Predicts a Better, Mobile Future for Medicine," *MIT Technology Review*, July 21, 2014, http://www.technologyreview.com/news/529056/more-phones-fewer-doctors/, accessed November 22, 2015.

6. See the archived version of Scanadu's homepage, June 1, 2016, https://web.archive.org/web/20150601171354/https://www.scanadu.com/scout, accessed November 22, 2015.

7. Nanette Byrnes, "Can Mobile Technologies and Big Data Improve Health?" *MIT Technology Review*, July 21, 2014, http://www.technologyreview.com/news/529011/can-technology-fix-medicine/, accessed November 22, 2015.

8. Technology Advice, 2014, "Wearable Technology & Preventative Health Care: Trends in Fitness Tracking among US Adults," http://research.technologyadvice.com/wearable-technology-study/, accessed August 10, 2015.

9. Withings Health Institute, n.d., "White Paper on Connected Health: The Case for Medicine 2.0," http://www.academia.edu/9447836/WHITE_PAPER_ON_CONNECTED_HEALTH, accessed November 22, 2015.

10. Fox and Duggan, "Tracking for Health."

11. Anthony L. Back and Gina Neff, "New Roles for Physicians in the Era of Connected Patients," Stanford Medicine X 2014, https://www.youtube.com/watch?v=5O04ojBkWIU, accessed February 14, 2015.

12. Trans-NIH Workshop to Explore the Ethical, Legal and Social Implications (ELSI) of Citizen Science, January 14–15, 2015, http://www.genome.gov/27559982, accessed January 24, 2015. The working group differentiates citizen science from the older and more established methods of community-based and participatory research.

13. Jennifer Couch, "Lay of the Land for Citizen Science at NIH," January 13–14, 2015. https://www.youtube.com/watch?v=Fi1v1vPO8wM, accessed February 19, 2015.

14. Elizabeth Yeampierre, "Building the Relationship: Citizen and Community Engagement," January 23, 2015, https://www.youtube.com/watch?v=kCF6dIDcx0k, accessed February 19, 2015.

15. "Research That Moves Us," n.d., http://c3nproject.org/researchers, accessed November 22, 2015.

16. Brittany Fiore-Gartland and Gina Neff, "Communication, Mediation, and the Expectations of Data: Data Valences across Health and Wellness Communities," *International Journal of Communication* 9 (2015): 1466–1484, http://ijoc.org/index.php/ijoc/article/view/2830, accessed November 22, 2015.

17. Michael E. Copeland, "New App Turns Your Phone into a Mobile Urine Lab," *Wired*, February 26, 2013, http://www.wired.com/2013/02/smartphone-becomes-smart-lab/, accessed January 9, 2016.

18. "UChek: A Mobile App to Test Urine," March 4, 2014, http://tedxtalks.ted
.com/video/uChek-a-mobile-app-to-test-urin, accessed August 10, 2015.

19. Chris Pruitt, "Lessons from FDA's first Public Mobile Medical Apps
Enforcement Letter," June 6, 2013, http://www.insidemedicaldevices
.com/2013/06/06/lessons-from-fdas-first-public-mobile-medical-apps
-enforcement-letter/, accessed August 10, 2015.

20. Dawn Lemanne, "A New Type of Evidence," Quantified Self Public Health
Symposium, April 3, 2014, https://vimeo.com/130155293, accessed December 14, 2015.

21. Tara McCurdie, Svetlena Taneva, Mark Casselman, Melanie Yeung, Cassie
McDaniel, Wayne Ho, and Joseph Cafazzo, "mHealth Consumer Apps: The
Case for User-centered Design," *Biomedical Instrumentation and Technology* (Fall
Supp. 2012): 49–56.

22. Fox and Duggan, "Tracking for Health," 11.

23. J. C. Herz, "Wearables Are Totally Failing the People Who Need Them
Most," *Wired*, November 6, 2014, http://www.wired.com/2014/11/where
-fitness-trackers-fail/, accessed November 22, 2015.

24. Anne Helen Peterson, "Big Mother Is Watching You: The Track-Everything
Revolution Is Here Whether You Want It or Not," January 1, 2015, http://
www.buzzfeed.com/annehelenpetersen/the-track-everything-revolution-is
-here-to-improve-you-wheth#.mj20xaYQO, accessed January 24, 2015.

25. David F. Carr, "Quantified Self Should Be about Health, Not Ego," *In-
formationWeek*, September 25, 2014, http://www.informationweek.com/
healthcare/patient-tools/quantified-self-should-be-about-health-not-ego
-/a/d-id/1316069, accessed November 22, 2015.

26. Clinton Foundation 2015 Health Matters Activation Summit, https://
www.youtube.com/watch?v=wTMyO61l0iE&feature=youtu.be, accessed February 23, 2015.

27. Parmy Olson and Aaron Tilley, "The Quantified Other: Nest and Fitbit
Chase a Lucrative Side Business," *Forbes*, April 17, 2015, http://www.forbes
.com/sites/parmyolson/2014/04/17/the-quantified-other-nest-and-fitbit
-chase-a-lucrative-side-business/, accessed January 5, 2015.

28. Anni Ylagan and Andre Bierzynski, "Using Sensor Technology to Lower El-
der Care Costs," July 28, 2014, http://deloitte.wsj.com/cio/2014/07/28/using
-sensor-technology-to-lower-elder-care-costs/, accessed August 11, 2015.

29. Maggie Mort, Celia Roberts, and Blanca Callen, "Ageing with Telecare: Care
or Coercion in Austerity?," *Sociology of Health & Illness* 35 (2013): 799–812.

第 6 章

1. Ernesto Ramirez and Hugo Campos, "My Device, My Body, My Data: An
Access Conversation with Hugo Campos," February 4, 2015, https://medium.

com/access-matters/my-device-my-body-my-data-4e158f8dfcec, accessed November 22, 2015.

2. "Hugo Campos Fights for the Right to Open His Heart's Data," January 20, 2012, http://tedxtalks.ted.com/video/TEDxCambridge-Hugo-Campos-fight, accessed November 22, 2015.

3. Mario Ballano Barcena, Candid Wueest, and Hon Lau, "How Safe Is Your Quantified Self?," *Security Response*, August 11, 2014, http://www.symantec.com/connect/blogs/how-safe-your-quantified-self-tracking-monitoring-and-wearable-tech, accessed December 17, 2015.

4. Edith Ramirez, "Privacy and the IoT: Navigating Policy Issues," Opening Remarks of FTC Chairwoman Edith Ramirez at the International Consumer Electronics Show, January 6, 2015, https://www.ftc.gov/public-statements/2015/01/privacy-iot-navigating-policy-issues-opening-remarks-ftc-chairwoman-edith, accessed December 17, 2015. See also Marguerite Reardon, "Tech Privacy Policies Need an Overhaul, Regulators Say," *CNet*, January 6, 2016, http://www.cnet.com/news/tech-privacy-policies-need-an-overhaul-regulators-say/, accessed January 16, 2016.

5. Gina Neff, "Why Big Data Won't Cure Us," *Big Data* (1): 117–123, doi:10.1089/big.2013.0029 2013.

6. The White House, "Big Data: Seizing Opportunities, Preserving Values," May 1, 2014, http://www.whitehouse.gov/sites/default/files/docs/big_data_privacy_report_5.1.14_final_print.pdf, accessed November 22, 2015. See also https://www.eff.org/document/effs-comments-white-house-big-data, accessed March 29, 2015.

7. Dawn Nafus and Robin Barooah, "QSEU14 Breakout: Mapping Data Access," June 26, 2014, http://quantifiedself.com/2014/06/qseu14-breakout-mapping-data-access/, accessed December 14, 2015.

8. "Civil Rights Principles for the Era of Big Data," http://www.civilrights.org/press/2014/civil-rights-principles-big-data.html, accessed March 29, 2015.

9. The White House, "Big Data."

10. Ibid.

11. Kate Crawford and Jason Schultz, "Big Data and Due Process: Toward a Framework to Redress Predictive Privacy Harms," *Boston College Law Review* 55 (2014): 93–128.

12. See the work of Latayna Sweeney and the Data Privacy Lab at http://thedatamap.org/risks.html, accessed November 22, 2015.

13. Myles Snyder, "Police: Woman's Fitness Watch Disproved Rape Report," June 19, 2015, http://abc27.com/2015/06/19/police-womans-fitness-watch-disproved-rape-report/, accessed November 22, 2015.

14. Kate Crawford, "When Fitbit Is the Expert Witness," *The Atlantic*, November 19, 2014, http://www.theatlantic.com/technology/archive/2014/11/

when-fitbit-is-the-expert-witness/382936/, accessed February 27, 2015.

15. "FAA," http://vivametrica.com/grp_pages/faa/, accessed February 27, 2015.

16. Parmy Olson, "Fitbit Data Now Being Used in the Courtroom," *Forbes*, November 16, 2014, http://www.forbes.com/sites/parmyolson/2014/11/16/fitbit-data-court-room-personal-injury-claim/, accessed March 29, 2015.

17. Kim McAuliffe, "A Little Bit Pregnant," December 1, 2015, https://medium.com/@EnameledKoi/a-little-bit-pregnant-3122683ac793#.uvxss kozv, accessed December 14, 2015.

18. Wade Roush, "Linda Stone's Antidote to Quantified Self: The Essential Self," *Xconomy*, August 8, 2014, http://www.xconomy.com/national/2014/08/08/linda-stones-antidote-to-quantified-self-the-essential-self/, accessed February 25, 2015.

19. Dawn Nafus and Jamie Sherman, "This One Does Not Go Up to 11: The Quantified Self Movement as an Alternative Big Data Practice," *International Journal of Communication* 8 (2014): 1784–1794, http://ijoc.org/index.php/ijoc/article/view/2170, accessed November 22, 2015.

其 他 资 源

一般的量化自我

Dow-Schüll, Natasha. *Keeping Track: Personal Informatics, Self-Regulation, and the Data-Driven Life*. New York: Farrar, Straus, and Giroux, 2016.

Lupton, Deborah. *Quantified Self*. London: Polity, 2016.

Nafus, Dawn, ed. *Quantified: Biosensing Technologies in Everyday Life*. Cambridge, MA: MIT Press, 2016.

量化自我与健康

Kay, Matthew, Dan Morris, and Julie A. Kientz. "There's No Such Thing as Gaining a Pound: Reconsidering the Bathroom Scale User Interface." In *Proceedings of the 2013 ACM International Joint Conference on Pervasive and Ubiquitous Computing*, 401–410. New York: ACM, 2013.

Neff, Gina. "Why Big Data Won't Cure Us." *Big Data* 1, no. 3 (2013): 117–123.

Robert Wood Johnson Foundation. "Personal Data for the Public Good: Final Report of the Health Data Project," March 2014. http://www.rwjf.org/en/library/research/2014/03/personal-data-for-the-public-good.html, accessed August 25, 2015.

Wolf, Gary, and Ernesto Ramirez. "Quantified Self Public Health Symposium Report," 2014. http://quantifiedself.com/symposium/Symposium-2014/QSPublicHealth2014_Report.pdf, accessed August 24, 2015.

Yom-Tov, Elad. *Crowdsourced Health: How What You Do on the Internet Will Improve Medicine* (Cambridge, MA: MIT Press, 2016).

其他相关工作

Hacking, Ian. *The Taming of Chance*. Cambridge: Cambridge University Press, 1990.

Joseph Dumit. "Illnesses You Have to Fight to Get: Facts as Forces in Uncertain, Emergent Illnesses." *Social Science & Medicine* 62 (2006): 577–590.

Clarke, Adele, J. Shim, L. Mamo, J. Fosket, and J. Fishman. *Biomedicalization: Technoscience and Transformations of Health and Illness in the US*. Durham, NC: Duke University Press, 2008.

有关量化自我项目的资源

一般资源

Duhigg, Charles. *The Power of Habit: Why We Do What We Do in Life and Business*. New York: Random House, 2012.

Examples of individual self-tracking projects, a library of self-tracking tools, and ongoing QS-related reading: http://quantifiedself.com/

Examples of n-of-1 experiments: http://blog.sethroberts.net/

How to do A/B experiment design: http://measuredme.com/2012/09/quantified-self-how-to-designing-self-experiment-html/

How to do case-crossover design: http://quantifiedself.com/2012/08/qs-primer-case-crossover-design/; http://www.pitt.edu/~super1/lecture/lec0821/index.htm; http://quantifiedself.com/2012/08/qs-primer-case-crossover-design/

数据指导

Each of these resources has both a software interface to collect and view data, and a way of matching people with potential coaches.

Body Track Project, Carnegie Mellon University CREATE Lab, http://www.cmucreatelab.org/projects/BodyTrack

Coach.me: https://www.coach.me/

MyMee: http://www.mymee.com/whatwedo/

数据处理与可视化

Data Sense: https://makesenseofdata.com/

Project Add App: https://addapp.io/

Tableau: http://www.tableau.com/

Zenobase: https://zenobase.com/

设计思维系列

关键创造的艺术：罗得岛设计学院的创造性实践

作者：（加）罗赞·萨玛森 ISBN：978-7-111-49823-0 定价：99.00元

世界最顶级的设计思维养成法

商业设计：通过设计思维构建公司持续竞争优势

作者：（加）罗杰·马丁 ISBN：978-7-111-48645-9 定价：45.00元

本书详细介绍了如何运用设计思维来进行探索和开发、创新和落地

简单法则：设计、技术、商务、生活的完美融合

作者：（美）前田约翰 ISBN：978-7-111-46689-5 定价：30.00元

"学术界乔布斯"、TED演讲大师、美国罗得岛设计学院，RISD，院长前田约翰颠覆传统的跨界绝妙之作

博恩·崔西职业巅峰系列

ISBN	书名	价格	作者
978-7-111-57387-6	吃掉那只青蛙：博恩·崔西的高效时间管理法则（原书第3版）	35.00	（美）博恩·崔西
978-7-111-52752-7	博恩·崔西的时间管理课	39.00	（美）博恩·崔西
978-7-111-53337-5	高绩效销售	35.00	（美）博恩·崔西 迈克尔·崔西
978-7-111-50313-2	高效人生的12个关键点	39.00	（美）博恩·崔西
978-7-111-47327-5	魅力的力量	30.00	（美）博恩·崔西 罗恩·阿登
978-7-111-47255-1	谈判	30.00	（美）博恩·崔西
978-7-111-47323-7	授权	30.00	（美）博恩·崔西
978-7-111-47931-4	激励	35.00	（美）博恩·崔西
978-7-111-48368-7	涡轮教练：教练式领导力手册	30.00	（美）博恩·崔西
978-7-111-52195-2	压力是成功的跳板	30.00	（美）博恩·崔西
978-7-111-47421-0	涡轮战略：快速引爆利润 成就企业蜕变	30.00	（美）博恩·崔西

关键时刻掌握关键技能

《纽约时报》畅销书，全美销量突破400万册
《财富》500强企业中的300多家都在用的方法

推荐人

史蒂芬·柯维 《高效能人士的七个习惯》作者
汤姆·彼得斯 管理学家
菲利普·津巴多 斯坦福大学心理学教授
穆罕默德·尤努斯 诺贝尔和平奖获得者
麦克·雷登堡 贝尔直升机公司首席执行官

樊登 樊登读书会创始人
吴维库 清华大学领导力教授
采铜 《精进：如何成为一个很厉害的人》作者
肯·布兰佳 《一分钟经理人》作者
夏洛特·罗伯茨 《第五项修炼》合著者

关键对话：如何高效能沟通（原书第2版）（珍藏版）

作者：科里·帕特森 等 书号：978-7-111-56494-2 定价：45.00元

应对观点冲突、情绪激烈的高风险对话，得体而有尊严地表达自己，达成目标

关键冲突：如何化人际关系危机为合作共赢（原书第2版）

作者：科里·帕特森 等 书号：978-7-111-56619-9 定价：45.00元

化解冲突危机，不仅使对方为自己的行为负责，还能强化彼此的关系，成为可信赖的人

影响力大师：如何调动团队力量（原书第2版）

作者：约瑟夫·格雷尼 等 书号：978-7-111-59745-2 定价：45.00元

轻松影响他人的行为，从单打独斗到齐心协力，实现工作和生活的巨大改变